新加坡职业技术教育五十年

如何构建世界一流技术与职业教育及培训体系

〔新加坡〕华拉保绍 著
卿中全 译　唐克胜 校

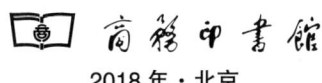

商务印书馆
2018年·北京

Copyright ©2016 by World Scientific Publishing Co. Pte. Ltd.

All rights reserved. This book, or parts thereof, may not be reproduced in any form or by any means, electronic or mechanical, including photocopying, recording or any information storage and retrieval system now known or to be invented, without written permission from the Publisher.

Simplified Chinese translation arranged with World Scientific Publishing Co. Pte. Ltd., Singapore.

谨将此书献给那些具有大无畏精神却被低估的拓荒者，他们使新加坡的技术教育从一片空白发展到今日成为全球标杆；以及那些富有远见卓识的人们，他们能从黑暗之中和遥远之地洞见未来。

我非常乐意将此书献给已故的教育部高级政务部长郑永顺博士，以纪念他在担任职业与工业训练局、工艺教育学院和理工学院的主管部长期间，为提升新加坡技术与职业教育及培训的形象，使成千上万的普通新加坡人获得好工作而做出的不懈努力。

内容提要

本书生动详细地描述了新加坡独立建国后,在没有技术教育和工业历史的情况下,如何在短时间内形成世界一流的技术与职业教育体系,推动制造业及工业快速发展;政府制定战略、果断决策,经济和教育并行发展、相辅相成,使国家迅速步入先进行列。

研究表明,以牺牲技术与职业教育为代价而盲目投资高等教育,只是产生一批领导者而实干家寥寥无几,结果导致高失业率。新加坡技术与职业教育及培训(TVET)的发展之路,展示了政府如何改变技术与职业教育在公众心目中的形象,使之处于与高等教育平等的地位,并建立一座教育"立交桥",使每个人都能发挥最大潜力。

目 录

序 ……………………………………………………………… 1

前 言 …………………………………………………………… 3

第一章 殖民时期的职业教育 ………………………………… 7

第二章 独立建国兴奋期 ……………………………………… 19

第三章 职业培训起步 ………………………………………… 30

第四章 经济发展局与技术教育 ……………………………… 45

第五章 理工学院发展成熟 …………………………………… 53

第六章 职业技术教育转型之路 ……………………………… 75

第七章 劳工运动与工人提升 ………………………………… 111

第八章 职业技术教育与高等教育衔接 ……………………… 121

第九章 技能创前程 …………………………………………… 131

第十章 关键政策建议 ………………………………………… 150

参考文献 ………………………………………………………… 159

译名对照表 ……………………………………………………… 161

附录：新加坡教育统计数据 …………………………………… 169

译后记 …………………………………………………………… 201

序

王瑞杰[①]

新加坡前教育部长（2011—2015年）

我们的技术与职业教育是新加坡教育体系的一大骄傲。从世界各地来新加坡参观我们的3所工艺教育学院（ITE）和5所理工学院（Polytechnic）的学者和教育专家，无不为其优越的设施和丰富优质、适应需求的课程而赞叹。

就我个人而言，我也为我们的技术与职业教育体系而自豪。每当我在这些学院里接待国家元首和总理，给他们留下深刻印象的，不仅仅是学校的设施和课程，还有我们学生的精神风貌和能力。理工学院和工艺教育学院属于中学后阶段教育，每届中学毕业生大约有70%来到这里学习，发挥他们所长，锤炼技能，致力于追求积极向上、富有成效、充实而有意义的职业生涯和生活。

作为教育部长，我最喜欢的"职责"之一就是参加工艺教育学院和理工学院学生的毕业典礼——我定会为学生和家长们取得的成就而感到骄傲，同时感受到他们坚定而自信地走出校门，运用自己所学去改变世界。同学们取得卓越的成绩，总是让我们每一个人都感到莫大的欣慰。

我们用了几十年的时间去学习和探索，构建起如今我们所看到的生机勃勃的技术与职业教育体系。今天，我们很庆幸能在早期开拓者们奠定的坚实基础上继续前行。我注意到，这些职业学院每年都在持续不断地改进，更加努力地工作，把新加坡年轻人的远大抱负与国家经济发展带来的各种

[①] 王瑞杰（Heng Swee Keat），1962年生，拥有剑桥大学经济学学士学位和哈佛大学公共管理硕士学位。曾担任李光耀的私人秘书、WTO谈判代表、贸工部常任秘书等职。2005年4月任新加坡金融管理局局长，2011年5月任新加坡教育部长，2015年10月任新加坡财政部长。——译者注。以下注释均为译者注。

机遇紧密相连。

本书记述了新加坡技术教育的发展历程，以及我们如何为处于不同年龄段的新加坡人民创造工作机会；同时也促使我们反思，哪些方面做得成功，还有哪些地方有待改进。希望这或许对那些正行进在同样道路上的国家有一定的参考价值。

华拉保绍（N. Varaprasad）博士在新加坡的理工学院教育领域工作了16年，其中担任淡马锡理工学院创院院长11年。他撰写的本书，其内容包括新加坡殖民时期的教育遗产，以及20世纪60年代和70年代早期，我们为使国人跟上快速工业化的浪潮而采取的战略步骤。本书还提出了一些政策建议，供那些正在或即将经历同样发展过程的国家参考；同时也介绍了新加坡的"技能创前程计划"（SkillsFuture），该计划致力于为新加坡即将来临的迅疾而深刻的经济变革培训劳动力。

借此机会，谨向新加坡各个时期技术与职业教育的开拓者们致敬，从教育部技术教育司（TED）、成人教育局（AEB）、工业训练局（ITB）和职业与工业训练局（VITB），一直到我们今天的工艺教育学院和理工学院。他们共同为我们的教育体系和年轻人的成功做出了不可磨灭的贡献。

前　言

技术与职业教育及培训（即众所周知的 TVET）被视为新加坡的成功案例之一，也是促进新加坡这个岛国经济社会发展的关键因素。

大力发展教育，将其作为促进国家发展的一种战略工具，从而给人民的社会和经济地位带来重要而积极的改变，是第二次世界大战后的一个现象。日本在第二次世界大战以后的工业复兴表明，教育和技能对于经济快速而有序地增长至关重要。充分开发人力资源，是促进社会经济发展，特别是促进工业化和技术进步的战略之举，这一点如今已被广为接受。但是，不太重视技能而比较注重大学高等教育的功利主义观念，在发展中国家至今依然根深蒂固。

在新加坡这样一个自然资源匮乏的小国，技术与职业教育及培训能得到如此充分的发展，人们很容易将其成功归因于深埋于民众心中的教育伦理和政府的强力支持。所以，说新加坡技术与职业教育及培训的发展之路实际并非一帆风顺，很多人会感到有点惊讶。在达到如今这样被广为接受并得到高度赞誉的过程中，技术与职业教育及培训的发展经历过很多迂回曲折；如何将眼前需要和长期需求结合起来，决策者们之间也有过争论。只是目前已经较为稳定成熟的状态，让这一切看起来似乎是一个完整、前后连贯的战略。但即使是现在，永远静止不变的事物是不存在的；迈向未来，就意味着发展方向的进一步转变。

本书记述了新加坡技术与职业教育日益兴旺的历史过程，虽然是为了纪念新加坡独立建国五十周年而撰写，但其内容并不只限于过去的五十年。

新加坡的技术与职业教育及培训，与国家经济发展阶段紧密相联、相伴而行。从 1959 年到 20 世纪 70 年代中期，国家的经济发展战略是力求在工业和制造业生产链的最低端站稳脚跟，以创造大量就业。这个时期，学校教育和短平快的基础技术教育迅速扩张，以满足制造业基地快速增长的需要。

从 20 世纪 70 年代中期到 90 年代，失业已经不再是一个问题，国家经济发展迅速向资本密集型的高科技战略转移。因此，国家需要更高水平的技能。政府要求和鼓励跨国公司（MNC）成立了一批培训学院，不仅面向本公司而且也面向整个行业培训人才。精密工程、机器人、软件工程等领域涌现出一批高质量的传授高科技的技术教育典范。不过，当时进入理工学院和普通大学的学生人数仍然供不应求。因此，政府又新建了几所理工学院，职业与工业训练局也转型升级为工艺教育学院。

第三阶段的经济发展始于20世纪90年代中期。经济发展开始向研发（R&D）、创新、创造和服务转变，把新加坡推向价值链高端，发展新技术、新型生物医学、生物制品和高价值服务业。技术教育被重新定位，成为一种完全的中学后教育选择，学校设施及课程也得到更新升级。课程中更好地融入了培养创造性、创新能力和解决问题能力等内容。

正当撰写此书时，技术教育正在朝着培养精深技能的方向发展，学徒制培训东山再起，其重点转向培养更加娴熟的技能而不是快速频繁跳槽的能力。是否拥有大学学位的界线正在模糊，其长远目标是在学术成就与精深技能之间达成更好的平衡。

世界各地那些着眼于经济发展而制定政策的政府官员及教育专家，也许会对本书感兴趣。技术与职业教育及培训对经济社会发展的回报非常显著，尤其在发展中国家更是如此。因此，本书开始第一章讲述殖民统治时期盛行的那些与发展职业技能相悖的心态与环境，以及殖民政府是如何将之不断加以强化的。新加坡独立建国以后，这些发展职业技能的心态，新政府不得不从根本上予以彻底消除，紧急推出解决国家当务之急的新思维。

第二章我们会看到，新政府为了兑现提高人民生活标准、减少失业的竞选纲领，不得不在财政预算有限的情况下优先发展教育。国家建设和经济发展的重任，使得政府有机会将实践动手技能的观念引入学校主流课程，特别是对男生女生都一样要求。

第三章描述的是新加坡为促进技术与职业教育发展而采取的各种政策措施。这一时期，政府组建大量的涉及多方面的研究小组和委员会，出台了大量的研究报告。新政府竭尽所能调整殖民时期遗留下来的制度，但并非一帆风顺，其间试验、错误和迅速改进并存。主流技术与职业教育及培训体系开始成型，几所职业学院在全国各地宣告成立，且成为学校教育体系的一部分。然而，这些职业学院并没有吸引到好学生，只是让那些差生有学可上而已。

第四章描述了一项有趣而颇具创意的发展举措，即鼓励在新加坡投资的跨国公司投资开展培训，培养他们所需要的劳动力。这一英明之举保证了可以源源不断地培养合格的技术人才，满足这些跨国企业及整个经济发展的需要。

第五章讲述的是理工学院的发展。理工学院起步于新加坡独立前的1954年。然而直到20世纪70年代，理工学院的办学使命才得以正式明确，开始发展壮大、蒸蒸日上。到20世纪末，新加坡已拥有5所羽翼丰满的理工学院，在校生逾5万人，并与更为注重学术的初级学院展开激烈竞争，吸引优秀学生。

尽管职业教育已经取得了成功，但其真正转型是在21世纪第一个10年期间的早期。当时，职业与工业训练局转型为工艺教育学院，其三大校区的建设可与理工学院媲美，职业教育成为中学后教育。技术与职业教育在教育版图上占有了可引以为傲的一席之地。加之其他一些创新举措，新加坡的职业教育完成了彻底转型。第六章讲述的就是这一转型之路。

很多没有接受过普及教育的工人，也呼吁要提升技能、更新技能。第七章描述了培训170万工人这一项艰巨任务是如何完成的。劳工运动推动数量庞大的工人与雇主和政府一起完成了这项"赫拉克勒斯"[①]式极为艰巨的任务，这项任务的完成要归功于"劳资政"三方联盟体制和那些富有远见卓识的领导者。

新加坡的教育体系为学生接受高等教育提供了多样化的途径，这也是为什么职业技能道路能被家长和学生广为接受的原因之一。第八章描述的教育"立交桥"体系，最近又得到进一步拓宽和加强，为个人提升和职业生涯发展提供更多的机会。

2014年发布的《理工学院及工艺教育学院应用学习教育（ASPIRE）检讨报告书》重申精通技能在经济生态系统中的重要作用。第九章描述了这一良性循环。展望发达国家的新常态，以及经历2007年全球金融危机带来大学生高失业率和随之而来的社会动荡之后，政府已经发出坚定而清晰的信号，即重视技能和能力的价值，而不是学历至上。

最后，本书概述了新加坡在构建技术与职业教育及培训体系过程中探

---

① 赫拉克勒斯（Hercules），希腊神话英雄，主神宙斯之子。他神勇无比，力大无穷，完成了12项"不可能完成"的任务。"赫拉克勒斯"一词今天成为"大力士"的同义词。

索的一些政策经验。当很多国家将久负盛名的德国和瑞士学徒制模式继续奉为经典的时候，新加坡模式也正在成为越来越多国家学习和仿效的对象。因此，如果决策者们不想详细阅读本书前面的历史过程叙述，第十章的小结将于他们有益。

新加坡技术教育发展之路并不平坦，而是以不断地再评估和大胆改革创新而著称。在国家发展的历史长河中，这五十年也许只是短暂一瞬，但它也是一段令人兴奋和充满成就感的旅程，使新加坡的年轻人总是能够比上一代更加训练有素，从而为美好未来做好准备。

本书写作过程中，我要感谢很多热心人士的帮助。最重要和首先要感谢的，是那些乐意接受采访的技术与职业教育及培训领域的先行者们，其中有：职业与工业训练局首任董事林日波（Lim Jit Poh）先生，新加坡理工学院院长邱凯柴（Khoo Kay Chai）先生（第一位担任此职的新加坡本地人），20世纪80年代义安理工学院大规模扩建期间担任院长的陈洪（Chen Hung）先生，为新加坡的技术与职业教育及培训发展不遗余力、做出巨大贡献的李克赛（Lee Keh Sai）先生，工艺教育学院主席鲍勃（Bob Tan）先生和总裁布鲁斯（Bruce Poh）先生。我还要感谢职业与工业训练局前董事及工艺教育学院首任院长刘桑成（Law Song Seug）先生，他提供了其任期内新加坡技术与职业教育及培训转型发展的有关文献资料。

我当然不会忘记，感谢国家图书馆李光前（Lee Kong Chian）参考书阅览室工作人员的帮助，尤其是周桓娴（Chow Wun Han）女士及其团队。感谢普雷玛（V Prema）女士和伊夫林（Evelyn Chong）女士为本书写作、校对提供支持和有益建议。本书也是世界科学出版社（World Scientific）编辑团队的成果，他们不知疲倦地辛勤工作，编辑出版了这套高质量的新加坡建国五十周年纪念丛书。

最重要的是要感谢我亲爱的妻子奇特拉（Chitra）。在本书写作期间，我是一位半隐形（half-absent）的丈夫，她对此表现出了极大的耐性和理解，独自一人去度假，那是一段全新却颇为令人振奋和富有启发的体验。

华拉保绍　博士
2016年1月

第一章

殖民时期的职业教育

大事年纪

1902年　殖民地英语教育体系调查委员会报告书：肯内尔斯雷报告书

1919年　马来亚联邦技术与工业教育委员会报告书：莱蒙报告书

1925年　技术教育委员会报告书：温士德报告书

1929年　第一所政府职业学校开学，校址位于史各士路

1938年　马来亚职业教育报告书：奇斯曼报告书

1938年　圣约瑟夫职业学校成立

1948年　政府职业学校迁址马里士他

1951年　关于在新加坡成立理工学院的委员会报告书：多比报告书

1951年　政府职业学校更名为马里士他初级技术学校

1954年　新加坡理工学院成立

1956年　学徒制培训联合咨询委员会成立

1956年　丹戎加东技术中学和皇后镇技术中学成立

1959年　新加坡理工学院正式开学

1959年　新加坡自治

1959年　杜进才[①]博士担任新加坡理工学院理事会主席；取消学术、商业和夜校课程，重点开展工作就业培训。

1963年　新加坡与马来西亚合并

1965年　新加坡独立建国

[①] 杜进才（Toh Chin Chye，1921—2012），新加坡政治元老、开国元勋之一，曾任人民行动党主席，并曾先后担任新加坡副总理、科技部长、卫生部长、新加坡国立大学校长（兼任）等职务。

虽然本书关注的主题是新加坡1965年独立建国以来技术教育的发展历程，但是回顾一下在此之前的情形也是大有裨益的。那个时期的制度和观念，带着殖民主义的态度与偏见，根深蒂固、积习难改。特别是在教育方面，它是为着殖民统治服务，而不是服务于日益增长的国家需求和个体经济发展。对此，很多发展中国家和新兴经济体当会有所共鸣。

从1819年到1955年，新加坡处于英国殖民统治之下。新加坡实行部分自治（1955—1959年）进而实现完全自治（1959—1963年）以后，本地民选政府对教育政策才有了话语权。1963—1965年的短短两年期间，新加坡与马来西亚合并，成为马来西亚联邦的一部分。1965年8月9日，新加坡成为完全独立的主权国家。

可见，新加坡对教育事务有话语权始于1955年。然而随后的一个时期，新加坡即陷入政治混乱和内斗之中，很少有精力去关注教育问题。直到1959年人民行动党（PAP）赢得选举强势执政，局面才开始有所改变。

因此，1965年以前的半个世纪大致可以划分为三个阶段：

（1）1948年以前：深度殖民时期及第二次世界大战前后；

（2）1948年至1959年：本地觉醒时期；

（3）1959年至1965年：新加坡自治及与马来西亚合并时期。

一、深度殖民时期

殖民地政府并非没有把技术教育提上议事日程。实际上，这一时期政府委任了很多委员会进行研究，出台了一些研究报告。例如，1902年殖民地区英语教育体系调查委员会发布《肯内尔斯雷报告书》（Kynnerseley Report）声称，他们关于在新加坡兴办一所独立设置的技术与商业学校的建议已经被委员会接受，该校与现有的学校不同，除了其他课程以外，还将开设工程、测量、医药、化验等课程。然而，该报告书最后得出的结论却是：单独兴办一所技术与商业学校似乎还没有足够的需求。1917年，温士德（Winstedt）对荷属东印度群岛①和菲律宾的学校进行调查，建议应该首先在吉隆坡（而不是新加坡）兴办一所职业学校（trade school）。

---

① 荷属东印度群岛（Dutch East Indies），印度尼西亚的旧称。

1917年9月，英籍海外华人公会通过一项决议，"在他们看来，现在是政府促进高等教育发展的时候了，可以通过提供奖学金资助的方式，或者最好是兴办技术学校"。立法会华人代表林文庆（Lim Boon Keng）博士把这份决议提交给了政府。因此，政府于1918年委任莱蒙（A. H. Lemon）领导一个专门委员会负责研究此事，其调研范围涵盖包括新加坡在内的整个马来州联邦。

1919年，《莱蒙委员会报告书》考虑并研究了发展技术与工业教育的需求，并强烈建议：成立更多的英校小学；成立用马来语教学的职业学校；新成立一所用英语教学的技术学校；兴办一所农业学校；提高技术职员的薪酬待遇，达到与殖民政府文职人员相应的待遇；成立一所英语教师培训学院。

但是，这些富有远见卓识和深谋远虑的建议，没有一项得见天日。1924年教育司年度报告中，教育司长承认，技术与工业教育是本部门最难推动和最具争议的问题。因此，毫不令人奇怪的是，海峡殖民地总督又委任了另外一个"令人尊敬的"委员会，来研究这个问题并提供建议。

1925年，温士德领衔的"技术教育委员会"递交了报告书（《温士德报告书》）。这份报告书读起来非常有趣，因为它不仅显露出对本地民众的殖民主义心态，也暴露了其教育观念。看似正确有理而实际上带有种族偏见的陈腐观念和古板印象，从中可见一斑。

例如，该报告书的第7节是这样的：

7. 我们对莱佛士①学院（Raffles College）技术教育分部能否成功并不乐观：

（1）除非随着人口增长，为生存而奋斗的情势愈加严峻，农业和商业提供的工作机会越来越少；

（2）除非所有学校都将应用数学、制图绘图、手工工艺和基础科学作为基本课程而不是附加课程；

---

① 莱佛士爵士（1781—1826），全名托马斯·斯坦福·莱佛士（Thomas Stamford Bingley Raffles），英国殖民时期重要的政治家。莱佛士于1819年1月29日登陆新加坡本岛，宣布新加坡为自由港，将新加坡建设成为全世界重要的国际港口之一。莱佛士在新加坡家喻户晓，直到今天还深深地印在新加坡人的脑海中，很多建筑、机构、街道和百年名校都以他的名字命名，例如东华大学莱佛士国际设计学院、莱佛士广场、莱佛士书院、莱佛士医院、莱佛士酒店、斯坦福路等。

（3）除非亚洲家长做好了自我牺牲、经济及耐心方面的准备，就像大多数欧洲人一样，因为要送孩子去学习一门职业的话就意味着几年没有任何收入。

《温士德报告书》还批评本地民众不会利用夜校来学习数学、物理、化学和机械等课程，而莱佛士学院从1922年起就开设了这些课程，基督教青年会（YMCA）也开设有建筑施工与设计课程。该报告书认为，技术学徒的英语熟练程度没有达到办公室职员的标准。不过，该报告书倡议雇主更加积极地开办夜校课程，并特别提到，用马来语教学的航海课程就办得非常成功。

至于职业学校，该报告书指出，除了市政技术部门、港务局和中央发动机厂之外，新加坡本身几乎就没有什么其他行业了。该报告书还进一步指出了就业机会的种族和宗族本位，以及没有一种大家普遍通用的语言等问题，尤为突出的是，当地男孩子都讨厌手工工艺。

温士德认为，政府考虑在新加坡投资建设同类学校之前，首先应该对吉隆坡职业学校进行评估。同时他也看到，新加坡提供的机械行业职位的面向范围最大，覆盖了马来半岛全境，这一点"无可争辩"。

《温士德报告书》建议"把手工工艺课程引进中学要求男生修读，这比要求他们进入职业学校更为可行"，并极力主张把手工工艺作为中学课程不可分割的组成部分，所有用方言教学的中学都应开设。该报告书还建议教育部门高薪、高规格聘请一位首席讲师来完成这项工作，从而形成"会思考的手"（thinking hand），为新加坡所有的技术培训奠定基础。

有趣的是，该报告书还就技术培训与失业之间的关系提出了自己的观察与见解。首先，失业并不是因为经济衰退或贸易增长放缓而引起的，而恰恰是因为繁荣兴旺和快速发展带来了大量的移民增长。因此，如果不能给这些人群提供工作机会，技术教育本身并不能对失业形势带来任何改善。当然，为了培养21世纪早期新加坡的新生力量，技术培训能够帮助本地人与来自海外的训练有素的人们竞争。《温士德报告书》举例说，职业学校可以培养熟练的汽车司机，但这并不能增加市场对汽车司机的需求，因为市场对汽车司机需求的增加是经济发展的作用和结果。

《温士德报告书》的结论是，既然成立专门的技术学校或职业学校的时机尚不成熟，所有中学都应该开设手工工艺课程（不管是用英语、马来语还是华语教学），作为学校日常课程的一部分。

该报告书是否起到了一些作用，不得而知。但一所政府职业学校终于在1929年开学了，校址位于纽顿环形广场（Newton Circus）附近的史各士路（Scotts Road）。

鉴于后续几乎没有什么跟进举措，1937年，政府组织开展了关于职业教育的进一步深入调查研究。马来亚教育服务部门的奇斯曼（H. R. Cheeseman）全面系统地研究了英国以及荷兰政府在雅加达和万隆举办的学校的情况，提交了一份涉猎广泛的报告书。

《奇斯曼报告书》提出了很多动议，其中有一些后来得到了贯彻。主要有：

（1）增加职业学校的数量；
（2）引导男生学习车间工艺，女生学习家政服务；
（3）在中学开设科学课程；
（4）委任一个全面负责职业教育的组织者。

《奇斯曼报告书》在很多方面抛开了《温士德报告书》的思路。一方面，它明确把技术培训与良好的就业前景及职业生涯发展联系起来。另一方面，它还注重在校期间对男生和女生都要求实践技能训练，倡导在中学开设科学课程，以及为工人提供职业培训夜校课程。

毫无疑问，新加坡天主教会也认识到了职业培训的需要。1938年，圣·约瑟夫职业学校（St Joseph's Trade School）开学。之后不久，政府很快就批准在马里士他（Balestier）为政府职业学校新建一栋大楼。新大楼虽然于1940年已经建成，但由于当时正处于欧洲战争时期，大楼被用来训练军事人员了。

随着战争蔓延到东南亚，上述所有计划被迫搁置。直到1945年日本投降，重建新加坡的计划才再度开始。然而，此时的政治形势和前景已今非昔比，一场方兴未艾的新生独立运动开始了。

综上可见，新加坡在战前殖民统治时期，技术教育处于游离不定、踌躇不前的状态。有很多委员会对技术教育的需求进行了研究，每个委员会提出一些柔弱无力的建议后，往往又需要另一个新的委员会接着介入。其中，颇具前瞻性和决断力的《奇斯曼报告书》可以算是一个例外，但令人遗憾的是，接踵而至的战争又使其大部分建议付之东流。

二、本地觉醒时期

战争结束后，英国重返新加坡这片满目疮痍、经济萧条的殖民地之时，显然一切已不复如初了。本地人民的所见所闻和亲身经历，对他们影响深远。他们看到了一股打败殖民主义者的亚洲力量，更糟糕的是，他们亲眼目睹英国及其同盟国未经任何抵抗就放弃了这块殖民地。在那场艰苦卓绝的战争中，马来军团遭受巨大损失。人们亲眼目睹无数英国家庭怎样被快速疏散，军官们如何屈服于压力。尽管是由总督提名任命，本地政府代表在立法会里的地位也逐渐变得更加突出了。

随着政治意识的扎根，贸易和经济开始复苏增长，在私营经济的推动下，技术与职业教育也开始蓬勃发展。芽笼（Geylang）技工中心、马来技工学校、贸易与工业学校、玛利斯·斯特拉（Maris Stella）职业学校、中华女子职业学校等纷纷登上舞台。这些学校的训练水平和场地条件都是属于非常基础性的，女生仅限于学习烹饪、缝纫和家政方面的技能。1951年，位于马里士他的政府职业学校更名为初级技术学校，约有700名学生注册学习夜校技术课程，其中大约五分之一的学生参加了英国城市与行业协会考试，但半数以上没有通过。

尽管有了上述这些进展，学校教育的重点仍然定位于学术发展。与商业和贸易活动相比，新加坡的工业不发达。人们认为办公室职员、书记员等技能的需求比其他技能更大。政府公办英校和大量方言学校并存，教育呈现出多样化。

马来亚和印度尼西亚已经开始了工业化进程，使得以转口贸易而著名的新加坡面临着保护性关税的压力。而且作为主要生产国，他们进行直接贸易协定谈判，以绕开作为转口中心的新加坡。

本地商业人士和政府当局认识到，新加坡必须多样化发展经济并实现工业化。熟练技术工人短缺的问题便开始显现出来。1948年末，一批商业人士提议建立一所培养技工和技师的英式理工学院，但是政府未予回应。1951年8月，关心此事的商业人士参加了一个由马来亚技术协会新加坡分会召集的会议，建立一所理工学院的动议又得以复活，并成立了由教育家、立法会成员张赞美（Thio Chan Bee）领衔的专门委员会。

1952年9月6日，张赞美委员会向总督先生列诰（John Nicoll）[①]呈交报告，建议在新加坡成立一所设施及人员齐备的理工学院，以满足殖民地对熟练技术工人（包括男性和女性）快速增长和日益紧迫的需求。

像以前一样，这一次英国人又委任多比（EHG Dobby）教授领导另外一个委员会来提供具体的建议。后来人们才知道，就在张赞美的研究报告出炉一年以后，多比委员会于1953年9月提交了关于在新加坡成立一所理工学院的报告书（《多比报告书》）。《多比报告书》具有标志性的重大意义，可以说是新加坡技术教育发展史上第一个划时代的里程碑。多比委员会由商业人士和政府代表组成，他们通过开展市场供需调查，以令人信服的理由说服政府，应当大力发展和投资技术教育。其中提出的一个关键问题是，鉴于新加坡当地形势的不确定性，许多来自欧洲的经理和工程师正准备返回前景更好的国内发展。

为了解决从事工业工作可能对当地年轻人没有吸引力的问题，多比教授建议成立一个声誉良好、高质量和高标准的培训学院，直接帮助年轻人找到好工作和升职途径。除了全日制课程之外，多比教授还富有远见地建议要广泛开设夜校课程，帮助那些已经工作的人们自我提升。这将有助于取代当时成为常态但普遍低效和并不中用的学徒制培训。

殖民地政府原则上接受了《多比报告书》，列诰总督先生邀请英国一所理工学院的院长吉布森（AW Gibson）拟订详细计划。吉布森在报告中对系部设置、课程设计、优先事项甚至学院选址等方面均提出了详尽的建议。1954年5月，吉布森正式提交了长达19页的报告书。1954年10月，新加坡理工学院（Singapore Polytechnic）成立。新加坡理工学院是一个自主办学实体，学院理事会负责管理，政府负责资金投入和运行成本。杰出商人和实业家莱昂内尔·克莱森（Lionel Cresson）任学院第一届理事会主席，他远赴英国和欧洲学习考察，了解熟悉技术教育。

英国任命威廉姆斯（DJ Williams）为新加坡理工学院首任院长，并于1956年赴任。斯旺（Swan）、麦克拉伦（Maclaren）两位建筑师和工程师担

[①] 列诰（John Fearns Nicoll），又译"尼高"，新加坡第二任总督（1952—1954年）。第二次世界大战以前，新加坡由海峡殖民地总督管治。1946年4月1日，新加坡脱离海峡殖民地成为独立的英国皇室殖民地，改置新加坡总督一职。1959年6月新加坡自治以后，新加坡总督一职不再存在，共经历4任13年。

纲设计学院大楼（至今仍屹立于爱德华王子路）。在学校建设的同时，新加坡理工学院就开始在不同地点不同学校上课。1958年9月学院正式开学时，共设5个系58个专业，全日制和非全日制学生2800人。多比教授关于实践教育需求的满满自信，以及支持成立新加坡理工学院的先见之明，是完全正确的。

走到这一步耗费了几十年时间，其间组成了无数个专门委员会，形成了无数份研究报告。"二战"以后，随着本地人民代表声音的增加，政府决策速度才开始加快势头。殖民政府的谨小慎微，有害于职业教育的积极发展，这也许反映了原籍国的等级观念。另一方面，新加坡本地学术成绩突出的学生通过获得奖学金去了英国最好的大学，或者入读本地的莱佛士学院。

1956年，作为管理学徒制培训的三方委员会，学徒制培训联合咨询委员会（JAC）成立。联合咨询委员会仅仅在船舶维修、航空和汽车运输等运输相关行业取得了部分成功，在建筑、电子与机械工业等行业则进展缓慢。在培训期限、津贴发放和监督管理等方面，还没有形成跨行业的学徒制培训标准。

三、技术中学

1956年，新加坡最早的两所技术中学正式成立，校址位于丹戎加东（Tanjong Katong）和皇后镇（Queenstown）。这两所技术中学除了开设普通学术课程，还开设技术课程和生产实践，成为20世纪60年代新加坡同类学校的先驱和样板。然而，技术中学的设备条件非常糟糕，直到很久以后本地政府掌控了教育事务时才得以改善。1964年，皇后镇技术中学校长在毕业典礼演讲时说："大家知道，由于缺乏必要的设备条件，本校从建校至大约1960年，都仅仅是名义上的技术中学；现在，我很高兴地告诉大家，学校具有了优越的设备条件，感谢政府投入资金为学校购买设备、工具和材料。"

必须注意的是，这些技术中学（皇后镇、丹戎加东以及之后成立的几所）开设的技术课程本质上并不是职业教育，而是普通教育的一部分。皇后镇技术中学和丹戎加东技术中学的学生，也参加普通教育证书（GCE）[①]考试，只不过是以伦敦大学拓展委员会的考试取代剑桥考试委员会的考试

---

① 普通教育证书（General Certificate of Education，简称GCE）是英语教育系统国家的考试制度，1951年起主要在英格兰、威士和北爱尔兰实行，后推广到英国各殖民地。

而已。继皇后镇和丹戎加东之后成立的几所技术中学有：杜尼安（Dunearn）技术中学，东陵（Tanglin）技术中学，马里士他技术中学，以及金声（Kim Seng）技术中学。

四、新加坡自治及与马来西亚合并时期

1959年2月24日，爱丁堡公爵菲力普亲王殿下亲自为新加坡理工学院正式揭幕，这是殖民政府最后阶段的公务活动之一。根据新加坡的新宪法，1959年5月举行了第一届选举，所有席位完全由选民选举决定，人民行动党在政府51个席位中赢得43席。根据新宪法，新加坡获准成立了完全自治政府，本地当局第一次拥有了教育事务决定权。

1959年，新政府的当务之急是应对高失业率。新加坡每年约有3万名年轻人进入就业市场，仅靠转口经济已不能满足必需的工作需求。因此，经济发展重点必须转向创造工作机会的制造业，对半熟练工人、熟练技工、技师和工程师的需求急剧增加。

新近正式开学的新加坡理工学院敏锐地看到了当时发展趋势的变化。1959年8月，杜进才（Toh Chin Chye）被任命为新加坡理工学院新一届理事会主席（特别要提到的是，他于当年6月担任执政党主席和副总理）。新一届理事会为学院确定了新的办学方向，重点培训技术人员。结果带来了以下改变：

（1）取消所有其他学校和培训机构已经开设和学生规模较小的专业；

（2）取消外部认证，实行学院内部考试，颁发毕业文凭；

（3）取消商业系和普通教育系，减少学系设置。

新加坡理工学院培训的重点迅速从白领转变为蓝领，取消了打字、速记等为了普通教育证书（GCE）和高等中学毕业证书（HSC）等学术型学历考试的课程。学院内部考试与鉴定制度使华语源流的学生受益良多。

杜进才进一步指出，新加坡理工学院应将重点放在毕业生和全日制学生的培训上，以提高他们的就业能力，而不是那些已经基本就业的学生，例如每周一天脱产培训的学徒或夜校生。

民主社会主义阵营和激进的共产主义左翼之间相互博弈，政府处于激烈的党内斗争之中。因此，进行技术教育改革十分迫切。如果经济和工业

战略不凑效，失业或者没有就业能力的年轻人增加，将会有越来越多的暴力冲突走向街头。

1963年至1965年之间，新加坡与马来西亚合并，成为联邦的一个州。然而，合并之初的欢欣鼓舞却演变成种族和宗教冲突。1965年8月，新加坡与马来西亚分离。经历了这一重大事件之后，新加坡开始自己掌握自己的命运。加入联邦的这两年尝试使得联邦州之间不同程度地被紧张关系所笼罩，地理与历史渊源、经济与家庭纽带都不足以使这种紧张关系变得具有创造性和建设性。相反，这种紧张关系引向了一个毁灭性的方向，使新加坡勉为其难地成为一个国家，本应高兴的事情却只有悲伤。

然而，突然而至和被迫接受的国家独立，已经化为新加坡的坚强决心和抗逆力，以及靠自己站起来并创造未来的坚强意志。即使前景一片荒凉，国家独立的兴奋剂已经开始流淌在国家领导和人民的血脉之中，教育将成为新加坡这个新兴国家优先发展的事业之一。

图 1.1　1953 年发布的《多比报告书》，共 56 页，
其中提出成立新加坡理工学院的建议

第一章 殖民时期的职业教育　17

图 1.2　菲力普亲王考察新加坡理工学院新校园（爱德华王子路）并与师生交谈

图 1.3　新加坡理工学院（爱德华王子路）的实训设备

图1.4 1963年,义安理工学院的前身——义安学院成立,校址位于坦克路(Tank Road)97号潮州大厦

第二章

独立建国兴奋期

大事年纪

1960 年　成人教育局成立
1961 年　经济发展局成立
1961 年　职业与技术教育调查委员会成立
1962 年　大众钢铁厂在裕廊工业园奠基
1963 年　新加坡职业学院（SVI）成立
1968 年　国家工业训练委员会（NITC）成立
1968 年　教育部技术教育司成立
1969 年　新加坡技术学院成立
1969 年　哈鲁丁应用艺术职业学院成立
1972 年　国家工业训练委员会撤销

本书所指的"五十年"是从 1965 年开始。新加坡作为马来西亚联邦的一部分，经过两年混乱不堪的时期以后，迫不得已地成为完全独立的主权国家。当时，新加坡面临高失业率的问题，人民普遍贫穷，住房条件恶劣，财政储备有限，人口高速增长，16 岁以下年轻人群的比例很高，燃料和饮水均依赖外国进口，几乎没有什么自然资源值得一提。对于一个新兴国家，这样的开局实在是不能称之为吉祥如意。

新加坡刚刚独立时的景象，用"悲惨"一词来形容还显得太轻描淡写了。大笔一挥，新加坡羽翼未丰的制造业就失去了马来西亚这块腹地，不管怎样，制造业还能生产一些低技术、低价值的产品。当时，所有新独立的国家都普遍采取"进口替代"的工业战略，以减少从以前殖民宗主国的进口，转而面向国内市场进行产品加工和生产，其目的是减少进口和外汇流失，同时为本地人民创造工作机会。

随着马来西亚和印度尼西亚走上"进口替代"的工业发展道路，新加坡的转口贸易受到了严重冲击。新加坡几乎没有任何国内市场，港口业务下降，严重依赖英军基地提供就业机会，前途似乎一片黯淡。另外，新加坡的人口混杂，有马来人、华人、印度人、欧亚人、欧洲人和海峡土生华人（peranakans），大家使用不同的语言和方言，近在1964年还发生过种族冲突。

此外，随着战后生育高峰期的到来，新加坡大约三分之二的人口都是21岁以下的年轻人，而除了贸易、港口转运和英军基地之外，几乎没有什么可以提及的本土工业，因而失业率很高。新加坡国民识字率仅57%，且大部分专业人员和毕业生都不是来自技术学科，而是来自艺术和纯科学的学科。

1967年7月，出于削减成本的考虑，英国政府宣布将分两个阶段关闭在新加坡的英军基地。英军基地可直接提供大约3万人就业，加上为基地服务的诸如家庭佣人、零售店主、房东、供货商、餐馆等，这个数字会更庞大。据估算，新加坡GDP的25%来源于英军基地。

然而，1965年国家独立时，新加坡也有三个可取的优势——优良的深水天然港；重要的地理位置；最重要的是，有一个理性务实的决策团队，他们毫无畏惧，有条不紊地从一套基本原则开始，去解决每一个难题。

一、快速工业化

实施"快速工业化"战略，从而快速创造就业机会的改革大幕开启了。国家采取大量鼓励和优惠政策，打开大门吸引跨国公司来新加坡发展业务。政府选定新加坡西部裕廊（Jurong）的一片丘陵沼泽地建设第一个工业园区，让新进来的跨国公司进驻。为表明自己的决心，政府首先在那里开办了第一家工厂——大众钢铁厂。

裕廊不只是工业园区，还规划建设成综合性镇区，有公寓、学校、公园、交通枢纽站、休闲景点、购物中心、美食广场、游泳池和体育馆。虽然起初人们对其可行性有一些疑虑，裕廊最终建设成了新加坡同类工业园区的样板。

裕廊建有港口，有充足可靠的电力、道路和电信设施，以及优质的供水。裕廊工业园区的建设，是新加坡坚韧不拔、勇敢大胆和富有远见的象征。

裕廊工业园区的工业用地从 3000 公顷扩大到 6000 公顷。到 1972 年，400 多家工厂进驻裕廊工业园区开业（其他 13 家工业园区也达到同样数字），其中很多工厂是拥有多层厂房的高楼，其设施也是专为跨国公司量身定制的。

通过快速工业化从而快速创造就业机会的策略，对技术教育的发展非常重要。由于没有国内市场，落实"进口替代"战略的唯一选择是发展出口加工业，这就意味着需要邀请、说服和鼓励一批跨国公司来新加坡投资建厂。

工业化政策要取得成功，卓越的领导能力、富有远见卓识和善于解决问题的智慧等都是重要因素；同时，能提供大量训练有素的人力资源也非常关键。起初，这个适应过程是被动反应式的，并在一定程度上具有试验性质；随着时间的推移，工业化步伐加快与技术技能水平不断提高的动态适应机制逐渐形成。职业与技术教育、教育工作者和行政管理者勇于直面挑战，打下良好基础，创造了举世公认的经济奇迹。

二、职业与技术教育调查委员会报告书

新加坡独立后，技术与职业教育及培训的发展可以追溯到 1961 年 6 月发布的《职业与技术教育调查委员会报告书》，即《曾树吉报告书》（Chan Chieu Kiat Report）。曾树吉是皇后镇技术中学的校长，在此之前，他曾经带领一个团队，对以色列的技术与职业教育及培训体系进行过研究。

《曾树吉报告书》具有开创性的意义，对新加坡的技术教育与培训体系具有深远影响。它明确描述了当时形势和未来前进道路，设计了未来技术与职业教育及培训体系的基本框架，明确了新加坡理工学院和学校系统在迎面而来的工业化进程中的角色地位，以及招聘和培训技术教育师资等问题。

该委员会经过深入调查发现，目前企业的在职培训几乎没有任何指导，学徒主要通过观察和重复工作而学习。其次，除非与实习生有亲属关系，工匠师傅根本就没有兴趣指导培训。第三，工匠师傅自己能学会这个职业

就已经相当不易，因此他们也不会给学徒传授什么知识或科学技术。

《曾树吉报告书》指出，学徒制培训计划一直不是很受欢迎，而且学徒名额应当超过公司的正常人力需求。政府因其自己提倡的技术服务，同意了这份建议书。

职业与技术教育调查委员会还指出，丹戎加东和皇后镇这两所技术中学，并没有为任何行业或手工业培养学生，而仅仅是在普通学术课程里增加了木工、金工等一些技术类科目；而且，与普通学术中学一样，这两所技术中学的毕业生也追求上大学预科班。

与技术中学不一样，职业学校主要招收小学离校考试（PSLE）不合格的学生。在本章后面部分我们会看到，这些职业学校将与相应的学术中学合并，成为混合制中学（bilateral schools），归入教育部技术教育司（TED）管理。几所比较著名的混合制中学是新城中学（New Town Secondary）、德能中学（Dunearn Secondary）和汤姆森中学（Thomson secondary），当然学生规模也很大。

职业与技术教育调查委员会建议，将现有 6 所职业学校中的马里士他职业学校升格为职业学院，其余 5 所则继续作为职业中学。这些举措走出了正式确立技术教育的地位并将之纳入学校体系的第一步。

三、第一所职业学院成立

1963 年，马里士他初级技术学校升格为新加坡职业学院（SVI），成为第一所专门从事工艺技能教学的职业学院。

根据《曾树吉报告书》的建议，新加坡职业学院将新加坡理工学院的所有两年制工艺技能课程转入自己学校，招收至少完成 2 年中学教育、不走学术途径参加"O"水准[①]（普通水准）考试的中学毕业生。这些课程主要有管道工、木工、制冷、空调、汽车维修、建筑等。

[①] "O 水准"考试（O-Level Examinations），全称"新加坡剑桥普通教育 O 水准考试"（Singapore-Cambridge General Certificate of Education Ordinary Level Examinations，简称 GCE "O" Level），是新加坡教育部和剑桥大学考试局共同主办的统一考试，相当于中学生的毕业会考。考试成绩为英联邦各国所承认，考生可以凭此成绩申请进入新加坡初级学院（类似我国高中）、理工学院（类似我国高职）或工艺教育学院（类似我国中职），或者海外英联邦国家的初级学院或大学预科班。

五所职业中学则开设两年制的小学后（post-primary）教育课程，学生学习各种工艺技能，毕业后进入新加坡职业学院。

这一重要举措使新加坡理工学院的角色定位得以明确。新加坡理工学院一直开设大量的工艺、技术和专业水平课程。将工艺类课程转到新加坡职业学院，新加坡理工学院就有了空间来扩大技术层次课程的规模，以满足知识和技能水平持续提高的需要，同时也照顾到了全日制学生增多和课程增加的需求。《曾树吉报告书》用了整整一章的篇幅，专门对一所学院——新加坡理工学院进行研究，并提出各种建议。

关于中学体系，曾树吉委员会提出了一项激进的建议：将中学分成4种类型——学术中学、技术中学、商业中学、职业中学，根据小学阶段的成绩和天资，学生分别进入不同类型的中学。

曾树吉委员会最引人注目的建议是，引导每届65%的小学生进入职业中学，7%的小学生进入技术中学，8%的小学生进入商业中学，只让20%的小学生进入学术中学。这个激进的提议虽然最终未被政府采纳，但这说明该委员会预见到了市场对半熟练（semi-skilled）工人的巨大需求。只有学术中学、商业中学和技术中学开设四年制中学课程，而职业中学只开设两年制中学课程，另外两年进入职业学院学习。

该委员会报告同样引人注目的一点是，建议把重点放在商业和管理训练方面，以支持工商业发展。"每届8%的小学生进入商业中学"这个建议，意味着该委员会也关注到了应该有充足的训练有素的人去从事管理、记账和销售等商业辅助性工作。

到1968年，新加坡有4类中学——学术中学、技术中学、混合中学、职业中学。技术中学除了20%的课时用于工厂实践和技术绘图以外，其余与学术中学相同；混合中学则提供学术和技术两种选择。少数中学还开设商业课程。

职业中学招收不够资格进入其他三类中学的小学毕业生，学生接受两年实践训练后进入新加坡职业学院。

我们必须注意到，在1968年，每100名小学毕业生中，大多数学生（3/4）进入学术中学，仅有1/8的学生进入技术中学，1/7的学生进入职业中学。同样，每100名中学毕业生中，超过9/10的学生进入学术发展途径，不到1/10的学生进入技术或商业途径。因此，学校教育体系仍然严重偏向学术途径。

学术教育占据优势地位，不大可能满足新加坡不断变化的经济发展需要。为了解决这个问题，1968年4月，国家工业训练委员会（NITC）成立，负责牵头开展"速成"（crash）技能培训和发展计划。1968年，新加坡的工业化进程顺利推进，对熟练和半熟练工人的需求急剧上升。国家工业训练委员会这个高级别的委员会，由教育部长任主席，成员包括财政部长和劳工部长，其任务是制定新加坡关于技术教育和工业培训的政策，使技术工人的数量迅速而有效地达到预期需求。

四、成立教育部技术教育司（TED）

1968年6月，教育部将所有职业和技术培训工作划入一个单独部门——技术教育司（即人们熟知的TED）集中管理。这一举措表明了当时技能训练的重要性和紧迫性，并为下一步许多急剧的变革铺平了道路。技术教育司的权力包括发展技术中学教育、工业培训、教师培训学院（TTC）的技能教师培训部。1969年3月，教育部职业指导组也并入了技术教育司。技术教育司还负责监管前面提到的混合中学和技术中学。

技术教育司对中学课程进行了彻底的改革，要求所有中学生在头两年都要学习基于工厂实践的课程。学生可以在自己学校（如果有设备条件）或者去集中实习工厂（centralised workshops）学习这些课程。所有男生和50%的女生必须修读工厂实践和技术绘图课程，其余女生则必须学习技术绘图和家政学。这些课程每周一次，每次3小时，属于学校正常学时之外的补充课程。对于必须去集中实习工厂的学生来说，去这些实习工厂还需要额外花去一些在路途上的时间。

所有中学生都进行这些附加的实践训练，可预见的好处是使他们了解实践技能，从而帮助他们看到各种新的可能性，也就是将来可以从事基于实践技能而不仅仅是学术知识的职业。

为了从根本上改变进入学术源流的小学生比例，政府开办了更多的技术中学，开设20%的技术课程。为确保高水平地贯彻这项举措，金工、木工、工艺绘图等技术课程第一次被纳入高等中学毕业证书（HSC）考核层级。这些中学的开办为学生提供了除新加坡技术学院（STI）和两所理工学院之外的更多选择。

技术教育司还负责将基于学校的职业培训转变为基于工业的培训，关闭了那些不受欢迎、不能提供市场需要的技能培训的职业中学，将其改为工业训练中心，划归成人教育局（AEB）管辖或者与附近的学校合并。1968年仅有3个工业训练中心，到1972年就达到了9个。

在以前的学校体系中，技术教育属于普通教育，其课程不是基于就业或市场导向；建立工业训练中心，目的在于提供速成培训，以满足行业的具体需求。上述9个中心开展的培训，就是定位于满足具体行业的要求。

1970年，两年制工艺层次的课程进行了模块化设计，以适应学员的入学教育水平、培训类型和技能水平要求。

最后，职业学院的数量也增加了。除了已有的3所职业学院（马里士他，哈鲁丁，裕廊），麦佛森（Macpherson）和武吉美拉（Bukit Merah）2所新建职业学院开学了，目标是逐步达到学术源流和技术源流学校的比例更加平衡（2:1）。因此，教育部职业指导组进一步加大工作力度，以技术类工作为卖点，更加积极主动地到学校去宣讲技术教育的好处，并为技术教育司属下各职业院校的毕业生安排工厂（in-plant）培训实习。这些与产业界的联系为技术教育司提供了一个很好的了解市场趋势的感应机制。

技术教育司还接管了原来由劳工部负责的学徒制培训计划。酒店与餐饮培训中心也移交给技术教育司管理。教育部技术教育司成为这个时期技术与职业教育的主角，为下一阶段的发展奠定了基础。

这种集中管理对国家工业训练委员会的决策更为有利，也使得技术教育司的执行更为高效。但是，公共行政服务部门的人事与财务管理却循规蹈矩。公务员们针对行业需求作出决策，但这些决策与行业本身并没有直接联系。因此，尽管毕业生的数量增长相当可观，从1968年的324人增加到1972年的4000余人，但产业界的投入和需求并没有直接纳入该体系的考量之中。

随着毕业生规模的扩张，主要问题已不再是技工和技师培养的数量，而是他们在企业的工作质量。由于1969年还没有统一的技能水平鉴定标准，从培养数量到提高质量的转变遇到了障碍。因此，技术教育司必须建立国家认可的职业测试和能力证书制度。

所有这些，都需要培养教学与技术课程开发的教师和指导老师。于是形成了骨干教师团队，建立了让更多教师接受技术教育培训的制度，包括对在职教师进行再培训。

技术教育司还通过讲座、展览、发放宣传手册等形式，开展了强有力的推广活动，让学生和家长更加深入地认识了解职业与技术教育，及其可创造的就业机会。在高失业率的年代，就业对毕业生而言是一个非常重要的考虑因素。学校里广泛开展巡回展览和讲座，宣传技术教育的好处。

这段时期，职业与技术教育由教育部技术教育司直接指导和执行。

1972年，随着建国初期对加强技能培训的迫切需要告一段落，国家工业训练委员会被撤销了。1969年到1971年，新加坡成立了9所职业学院，职业教育在校生的数量上升到3000人。

然而仍然存在一个重要问题，即超龄和没有继续升学的小学毕业生正在进入就业市场，可是他们没有任何职业技能。而进入职业学院或工业训练中心，必须要有至少两年的中学教育基础。这是一种人力资源浪费，决策者用了好几年时间才认识到并纠正这一点。

五、新加坡成人教育

另一个在技术与职业教育中扮演重要角色的机构是成人教育局，人们亲切地称之为"Lembaga"，总部位于福康宁（Fort Canning）。1950年晚期，一个独立的实体机构——新加坡成人教育委员会成立，成员包括那些对此感兴趣的协会组织和致力于成人教育事业的杰出人士。成人教育委员会接受教育部的年度拨款资助，开办基础教育、继续教育和成人普通教育课程班。

教育部的年度拨款用于支持各种组织开办基础教育课程班。这些课程班也在新加坡很多乡村地区举办，例如亚妈宫（Ama Keng）、武吉班让（Bukit Panjang）、裕廊和实笼岗（Serangoon）等地。1957年，差不多有1.3万成年人学习基础教育课程，900人学习继续教育课程。成人教育委员会还举办了一项具有创新性的法律基础课程，包括持续10周每周一次的电台广播讨论、每周两次的广播节目、两次丰富完整的讨论会。随着1957年福康宁文化中心开幕，成人教育委员会已能举办一系列的文化活动课程、讲座和讨论会。

根据《成人教育局法案》，成人教育局于 1960 年 4 月成立，并于 5 月接管成人教育委员会的职能和资产。成人教育局第一届成员包括蒂凡那（C. V. Devan Nair）[①]（主席）、易润堂（Jek Yuen Thong）[②]（副主席）等很多杰出知名人士，还有来自文化部、劳工部、律政部、财政部、马来亚大学、南洋大学、教师培训学院和工会的代表。

到 1964 年，成人教育局组织举办了四种语言的读写识字班，三种语言的普通教育班，以及 LCC[③] 认证商业课程、职业类和休闲类课程的夜校班。这些课程班分别在 153 所学校、30 个社区中心和其他机构举行。

截止第一个十年末，成人教育局为大约 1 万名成年学生提供了普通中学教育服务，另外为 5000 名超龄学生提供了专门职业培训服务，包括：金工、木工、基础电工、电气装配、油漆、粉刷、技术制图、产业定位、缝纫、烹饪、制衣。成人教育局还举办了幼师培训等很多职业培训，以及面向专业机构考试的培训，例如金融学院、当时的特许秘书学会、工商管理学院、伦敦城市与行业协会等，还有大量的个人兴趣类培训课程。

为给新加坡人民提供第二次文化学习和接受教育的机会，成人教育局起到了至关重要的作用。对于渴求知识的新加坡人民来说，参加成人教育培训是他们自信的源泉。

综上可见，新加坡 20 世纪 70 年代的情况是：教育部技术教育司主导学校层面的改革，新加坡理工学院是唯一可颁发文凭的中学后教育机构，职业教育和成人教育面向那些错过教育机会或辍学的成年人，帮助他们取得进步、获得专业机构认证。成人教育局还提供一些增益型（enrichment-type）课程，任何人，哪怕是纯粹出于兴趣想要钻研新技能、新知识，都能如愿以偿。

但是，不同机构的职业教育中有大量的课程明显重复，却没有统一的学习成果评价标准，而这是严格的技能认证体系的一部分。这些缺陷指出了新加坡下一阶段技术教育的发展方向。

---

① 蒂凡那（C. V. Devan Nair，1923—2005 年），曾任新加坡全国职工总会首任秘书长（1970—1981 年）、第三任新加坡总统（1981—1985 年）。

② 易润堂（Jek Yuen Thong），新加坡开国元勋之一。

③ LCC（The London Chamber of Commerce and Industry Examination），伦敦工商会考试局会计证书，分为初级、中级、高级三个等级。

图 2.1 哈鲁丁（Baharuddin）职业学院，1969 年成立

图 2.2 新加坡技术学院，1969 年成立

图 2.3　职业与工业训练局开设建筑服务课程，满足日益增长的建筑业需要

第三章

职业培训起步

大事年纪

1973年　　工业训练局（ITB）成立

1976年　　中学技术教育检讨报告书：雪莱报告书

1979年　　教育部报告书：吴庆瑞[①]报告书

1979年　　职业与工业训练局成立

1979年　　技能发展基金（SDF）

从第二章中我们知道，1968年新加坡大约3/4的小学毕业生和9/10的中学毕业生选择学术途径。这种严重偏重学术途径的不平衡现象与"工业化创造就业"的国家战略背道而驰。不解决这种不平衡，工业化战略将面临技能人才短缺的挑战。因此，国家工业训练委员会于1968年成立，教育部也分成两个部门，分别负责普通教育和技术教育。

通过改革教育制度、完善学校设施和加强技能型教师培训，小学生进入技术源流的比例达到1/4的阶段性目标得以实现。到1972年，这个目标就达到了。就读技术中学的学生从1968年的1600人飙升到1972年的7000人。这时政府又确定了把该比例提高至1/3（12000人）的新目标。

此时，教育部技术教育司的职能范围已超出了学校系统，还包括工业训练中心、模块化单元培训、每周一天的进修及全脱产进修、学徒制的规范管理、新加坡技术学院和分阶段招生等工作。此外，技术教育司还是国

---

① 吴庆瑞（Goh Keng Swee，1918—2010），新加坡政治元老，曾先后担任财政部长（1959年）、内政兼国防部长（1965—1967年）、副总理（1968—1984年）、教育部长（1979—1984年）等多项要职。

家技能标准的主管机构。

一、成立工业训练局（ITB）

为了促进职业与技术教育进一步发展，技术教育司必须拥有更大的自主权、决策权和灵活性，这一点已是人们共识。于是，一个新的法定机构——工业训练局成立了。若是法定机构，政府就要任命董事会主席和成员，颁发许可证，进行年度拨款，授权法定机构完成其使命和目标。

1973年，工业训练局成为新加坡的法定机构之一，接管了技术教育司的职能和资产，同时仍然接受教育部监管。作为法定机构，在董事会监督下，工业训练局有权自主决定服务计划、战略发展、员工招聘和资源配置。

这项调整的最重要成果，是成立由政府、劳工（通过工会）、雇主三方代表组成的强有力的董事会。工业训练局董事会主席来自业界。董事会形成了自己的治理架构，设立建设委员会、财务委员会和学徒制培训特别委员会。工业训练局推出了一项重大举措，即成立8个不同行业的行业咨询委员会（TAC），使培训与行业技能需要更加直接相关。业界积极而深度地参与决策职业与技术培训的规模及范围，时至今日，这一点已成为技术培训的重要标志，并不断地得到加强而不是弱化。

在新加坡发展的关键时刻，工业训练局的成立具有里程碑式的意义，为20世纪70年代乃至以后几十年新加坡职业与技术教育的发展奠定了基础。

教育部技术教育司负责的有关工业训练的职能（包括院校、机构及其人员），全部划归新成立的工业训练局。学校系统关于技术教育的职能（包括院校及其职员）则并入教育部普通教育司。按照这种方式，13所培训机构（其中8个是工程学院）全部划归工业训练局，其中有：印刷学校、酒店与餐饮培训学校、新加坡技术学院、男孩镇职业学院（Boys' Town Vocational Institute）。

技术教育司下属的技术教师培训部被合并到教育学院。技术教育司也随之解散，它在短短5年之内创造性地开展工作，成功地为技术教育和工业训练奠定了基础。

工业训练局的成立，标志着基本技能和工艺培训取得了进展。为了适应下一阶段的发展以及更先进科技的更高级技能的需要，必须采取更加明确、更加灵活有效的办法。因此，法定机构模式成为首选，即赋予工业训练局比原来技术教育司更大的权力和自主性。把工业训练局置身于产业框架参照系之中，加之成立了各种行业咨询委员会，下一阶段的发展路径便明朗了。

新成立的工业训练局的首要任务之一，是确定一套新的服务体系，以充分调动员工支持其扩展计划的积极性。一旦跳出公务员管理序列，工业训练局就可以较少地受到整个公共行政机关公务员制度的限制。工业训练局的另外一个当务之急，是通过工场、设备及教室来扩大培训能力。

工业训练局在正式运作的第一年，做出了一些关键性的决策。第一，技工级技能培训的主渠道尽可能采取学徒制的方式。第二，工业训练局决定，基础培训应纳入职业资格证书课程。这将为毕业生奠定各主要职业领域健全广泛的理论知识及基本技能基础，使他们做好充分准备，在工作中通过学徒制培训进一步成长为熟练工匠。

二、国家职业测试制度

工业训练局推出的另外一项关键举措是建立国家职业测试制度，形成统一的技能鉴定与认证体系。证书分为三个等级：技工（三级）、技师（二级）、技艺大师（一级）。完成学徒制培训课程，可取得二级技师证书。这种分为三级的技师证书仍然是后来证书体系的基础，并随着时间的推移而不断发展，以满足新的需求和更高的准入资格要求。

男性学员必须服两年半的全职兵役，这一国民服役制度使学徒制培训受到了影响。退役学员并不愿意再作为学徒完成雇主的培训。为了强调学徒制培训的重要性，凡在重要而关键的行业以及招募不到服役前男子的行业参加学徒制培训的学员，经工业训练局批准，政府准许其推迟服兵役。为了鼓励服役前男性学员参加这样的学徒制培训，工业训练局还实行津贴制度，提高学徒制培训的津贴补助。如果延期服兵役的学员与同一雇主的学徒制合作关系长达6年，政府决定不再征募该学员服全职兵役，可以用兼职形式代替。政府大力支持工业训练的这些举措，向广大民众和中小学离校学生发出强烈的信号，即基于工业的技术教育非常重要。

工业训练局的一项重大改进之处，是更加注重面向相关行业和具体行业的培训。培训设施和资源得以重新分配，从面向中小学毕业生的一般培训转为面向具体企业或行业的培训。工业训练局鼓励企业赞助学生参加职业培训，让学生从一开始就具有学徒身份，而不是在培训结束时才成为学徒。这项举措的成果之一是制定了具体行业的培训计划。例如，面向建筑行业的"工业训练局—建屋发展局（ITB-HDB）"培训计划，学员每周在建屋发展局的建筑工地参加4天学徒培训，在榜鹅（Punggol）职业学院学习2天。

这样，工业训练局便顺理成章地推出了一项最为成功的创新举措，即与企业合作建立联合培训中心，政府分担成本。具体安排是，联合培训中心培训本公司所需学员两倍数量的学员，培训结束后，其余学员则免费进入其他公司。第一个联合培训中心是1972年成立的达达（Tata）政府培训中心，紧接着1973年成立了罗莱（Rollei）政府培训中心。联合培训中心由经济发展局（EDB）负责管理，其培训场地位于职业学院内。第四章将对此加以详细介绍。

三、雪莱报告书：改变中学技术教育的面貌

1976年，教育部委任知名作家雷克斯·雪莱（Rex Shelley）领导一个7人委员会，检讨中学的技术教育课程。雪莱时任休姆实业（远东）有限公司的企划经理。这个时期，新加坡所有男生和半数女生在中学前两年都必须学习两门技术课程。对很多学生来说，由于本校缺乏教学设备，他们不得不去集中实习工厂，因此路上需要花去一些时间。

同时，考虑到当时仅有16%的中学毕业生进入两所理工学院和中学后教育，雪莱委员会觉得，没有必要为了适应高等教育而调整中学教育课程。1976年，新加坡84%的中学毕业生不再继续学业。与2015年的水平相比，这个数据是非常惊人的。2015年，新加坡的中学生进入中学后教育继续学业的比例超过95%。

另外一个具有说服力的数据是，小学离校考试后仅有60%的小学生进入中学，小学六年级的辍学率达到40%。小学课程中没有技术方面的内容，这就意味着，有相当数量12—13岁的年轻人，在几乎没有任何谋生技能

的情况下进入了就业市场。将来，这些人会对雇主和人力资源规划人员提出一个很大的挑战，即如何提升他们操作机械的技能，以及如何使他们能够更容易地接受技术变革。

雪莱委员会认为，技术教育应当主要被视为普通教育的延伸，着重培养学生的应用能力、探究精神、实践技能和创新意识。因此，技术教育不仅仅是培养学生专门为技术或工程类职业做好准备。其次，技术教育是要教育人们了解与赏识技术技能，尊重体力劳动或蓝领工作。这一点尤为重要，因为学生都过分重视理论知识，实践应用能力普遍较弱。

《雪莱报告书》重申，学校和集中实习工厂的技术课程都仅仅是普通教育的一部分。这有助于使工厂实践课程得到更多关注，这些实践课程虽然谈不上可以使学生获得任何职业技能，但是需要学生动手（"把手弄脏"）。该报告书指出，技术教育课程的学时有限，不足以使学生为任何职业做好准备。经过一番讨论之后，雪莱委员会认为，虽然工厂实践对消除关于体力劳动的偏见有一定作用，但其体力要求或者"把手弄脏"的程度都还不足以达到完全消除偏见的效果。

雪莱委员会还指出，中学三年级和四年级进入技术源流的学生仅有24%。中学四年级结束时，他们将参加新加坡剑桥"O"水准考试，这是16岁青少年的一个重要里程碑。而与剑桥合作举办的考试，在一些细节方面与新加坡当时的实际情况并不相适应。例如，与剑桥合作的考试对技术制图和机床操作的要求，比实际生产需要或教学标准的要求更高。

随着课程的专业性增强，技术课程涉及到更多的理论知识。在报告书中，雪莱委员会还列举了其他一些与技术教育的教育目标不相一致的困难和趋势。

《雪莱报告书》提出了几条关键性的建议。例如，缩减技术课程的学时，从现行的13%减少到6%—10%。为达到这一目标，可以将削减的学时增加到数学等其他课程中。而且，雪莱委员会认为，商学、会计原理、技术制图等课程的专业性太强了。

当时，学生在中学二年级结束时接受能力倾向测试，三年级分流到技术源流。《雪莱报告书》对这一做法提出了批评，认为这种能力测试是不准确的。能力测试更多的是智力，而不是智力和动手技能相结合的测试，结果导致学术成绩优秀的学生被分流到技术源流。

雪莱委员会指出，中学后教育的技术学院既接收技术源流，也接收学术源流的学生。但是，技术源流的学生未见得有什么优势。如果将技术教育视为普通教育的延伸，就像体育或音乐一样，那么照理它就应该面向所有中学。

综合以上建议，雪莱委员会得出的结论是，继续实行在中学三年级和四年级进行技术源流分流的做法并没有任何好处。技术教育应该是所有中学普通教育课程的一部分，学习四年而不是两年。

关于女生的技术教育问题，雪莱委员会内部似乎有过很多激烈的争论。这是因为，女生在技能或学习进度方面并非总是落后于男生。而且他们还相信，与男生相比，女生在从事体力劳动方面也不处于劣势。全部为男性成员的雪莱委员会能够持有这样的立场，这确实是一个非常大的进步。

雪莱委员会意识到，对于女生接受技术教育，已经不再有任何的社会或文化偏见。实际上，考虑到人口出生率下降的趋势，雪莱委员会认为，技术教育将有助于女生进入就业市场。经过一番讨论之后，雪莱委员会在女生学习家政和工厂实践之间做出了选择。他们的决定是，一直到中学四年级，技术教育都应是女生课程的一部分（家政课是其中一门），以促进技术教育的性别平等。

雪莱委员会还建议，学术源流和技术源流之间已不再有任何区别，因此不需要再单独进行技术源流的学生分流。

新加坡技术中学体系的历史就这样结束了。这些技术中学是在教育部技术教育司的领导下，新加坡最早将技术教育纳入正式学校体系的短暂尝试，同时也标志着技术教育快速发展和试验探索的时代结束了。这一时期，新加坡不断尝试各种策略，让更多的学生接受与新加坡日益增长的制造业相关的技能培训。但是，对整个教育体系而言，更为激动人心的变革即将到来。

四、教育部报告书：吴庆瑞报告书

研究新加坡的教育史，无论如何都不能忽略对《吴庆瑞报告书》（Goh Keng Swee Report）的分析研究，因为它对新加坡每个孩子都产生了重要影响。

1978年，新加坡时任副总理吴庆瑞博士带领一个研究小组，对教育部的工作进行了全面研究检讨。这个小组由非教育专家（即广为人知的"系统工程师"）组成。新加坡时任总理李光耀对教育部的工作进展很不满意，责成吴庆瑞带领一个小组检视整个教育部。授权调查范围不受任何限制，研究小组成员也保持开放和灵活。

吴庆瑞从公务员中挑选了一些几乎没有教育背景但拥有系统论观念的学者和管理人员。他们重点关注五个需要解决的关键问题，即：辍学率居高不下、教育浪费、学习成效低、双语教育低效、学校业绩高度分化影响教师士气。

研究小组发现，小学一年级为同级的学生中有65%没有达到至少三科"O"水准及格的要求，因而没有顺利完成中学教育。而且，同级小学生中仅有19%通过双语（英语和母语）"O"水准考试。通过与台湾和日本的辍学率相比，印证了新加坡学校系统同级生升学率非常低这个问题。

吴庆瑞研究小组建议实行学生分流，允许学术优异的学生和普通学生有不同的学习进度。普通源流学生的中学教育可以达到5年，四年级结束时进行"N"水准[①]（初级水准）考试，成绩合格的可以再读1年，到五年级时再参加"O水准"考试。吴庆瑞研究小组深信，一个制度不可能对所有的孩子都公平，因此后续还应该有纠正分流过程中失误的渠道，并适应那些大器晚成的学生的需要。

学校教育要从早期就重视语言学习，对学术成绩较差的学生也强调英语（而不是母语）优先。这使得进入职业或技能训练的学生从一开始就具有适当的语言水平。从长远来看，这让技能训练更为有效。

这同时也意味着，更多的学生能够升入中学，完成至少10年中小学教育。随之而来的是，毕业率的提高为新加坡职业与技术教育更为根本性的改善创造了条件。

就在《吴庆瑞报告书》出台之前，学校体制和小学课程进行过一些修修补补，特别是引入了小学程度的基础课程，学生在进入工业训练局的培

---

① 新加坡政府中学分为快捷班(中学一年级至四年级)和普通班(中学一年级至五年级)。快捷班学生在中四时直接参加"O"水准考试（相当于中学毕业考试），普通班学生在中四时需参加"N"水准考试，成绩合格才可以继续就读中五，在中五毕业时参加"O"水准考试。"N"水准考试是教育部为学习进度比较慢的学生而设立的，使他们多1年时间准备"O"水准考试。

训学院之前，可以用 8 年时间完成小学教育。

综上所述，《吴庆瑞报告书》（俗称"蓝皮书"）提出的改革举措具有划时代的"分水岭"意义，尤其是对于小学教育。这些举措包括小学三年级结束时实行分流，根据分流结果，学生在四年级时分别进入单语课程班（Monolingual course）、普通双语课程班（Normal course）和延长双语课程班（Extended course）。普通班和延长班的学生在六年级参加小学离校考试。单语班毕业生和未通过离校考试的普通班、延长班学生，进入工业训练局、职业与工业训练局接受基本技能训练。还包括在中学阶段，为学习进度缓慢的学生新设立普通源流，他们在中学四年级结束时参加一项新的考试——"N"水准考试，成绩合格者可以继续读 1 年中学，五年级毕业时再参加"O 水准"考试。

由于有了更多的分流教育选择，学生流失率下降，学业完成率不断提高，越来越多的学生能够更好地适应职业与技术教育的更高要求。

五、成立职业与工业训练局（VITB）

随着学校规模的扩张和初等教育的普及，承蒙教育部技术教育司以及后来的工业训练局卓有成效的工作，成人教育局（或 Lembaga）发现他们的基础教育课程生源日益减少。同时，文化或个人兴趣类课程也被人民协会社区中心所提供的广泛的同类网络课程所取代。因此，成人教育局发现自己的服务空间发生了转移，转而为小学毕业生进行职前培训和基于办公室的商业培训。学生在成人教育局完成职前培训后，可以进入工业训练局学习工艺课程。

因此，显而易见的是，把成人教育局、工业训练局这两个机构合并，将会带来协同效应和经济效益。基于这种考虑，1979 年，新加坡成立了职业与工业训练局。

职业与工业训练局是一个自治机构，承担原成人教育局和工业训练局的职能，主要负责开展职业与技术培训。这是一个顺理成章的安排，因为成人教育局（当时人们亲切地称之为 Lembaga）已经越来越多地参与到职前培训中。当然，成人教育局的最初意图是，为成年人提供第二次机会，帮助他们完成"O"水准或"A"水准（高级水准）考试[①]。然而，随着时间的推移，除了为成年人提供增益课程（enrichment courses）和文化课程以外，成人教育局的职能范围逐渐延伸到为年轻人提供基础课程和职业课程。

成人教育局和工业训练局的合并进行得很顺利，因为这两个机构的主席均由同一人担任，即教育部主管技术教育的部长艾哈迈德·玛达（Ahmad Mattar）博士。1979年准备合并时，这两个机构的董事会也是合一的，工业训练局董事会接管了成人教育局董事会，并成立了联合财务委员会和行政委员会。

成人教育局和工业训练局合并的目的，也是为了建立一个适合学生和已就业成年人的统一的技能培训框架，使用通用的职业技能与测试标准。在研究制定这些标准的过程中还咨询了业界及工会的意见。

1979年至1992年，职业与工业训练局是新加坡职业培训的旗手和领导者，其董事会主席一直由内阁部长担任。董事会主席并非仅仅是挂名的，而是非常积极务实地直接参与决策，在政府和职业与工业训练局之间起到沟通桥梁作用。董事会成员均由杰出的知名人士组成，代表政府、劳工及工商业界。

同时，职业与工业训练局成立了13个行业咨询委员会，与主要行业保持紧密联系。行业咨询委员会在职业资格设定、课程开发、培训设施与设备选购等方面，均发挥了非常重要的作用。

六、技能鉴定与认证

依据章程规定，职业与工业训练局作为国家技能认证机构，其职责包括建立技能标准和认证体系。技能认证的要求分为两类：

（1）通过职业院校机构的培训课程获得技能认证；

（2）通过继续教育和培训获得技能认证，包括：参加规定的培训课程、

[①] "A"水准考试，全称为新加坡剑桥普通教育证书"A"水准考试（Cambridge General Certificate of Education Advanced Level，简称 GCE A Level）。该考试是新加坡政府公立大学入学的资格考试，面向初级学院（相当于我国的高中）毕业生，相当于我国高考，一年举办一次。考试成绩为英联邦各国承认和接受，考生也可以用"A"水准考试成绩申请进入英国等国家的知名大学。

学徒制培训、就业、自学、工作经验，或者综合运用这些途径。

作为一个完整的体系，上述两条途径的认证标准和体系必须一致、合理。更重要的是，雇主和当局必须接受某些行业的资格许可，例如电工和水暖工。

职业与工业训练局设有一个也是由三方代表组成的技能认证委员会，成员包括行业咨询委员会主席，以及特许机构、雇主、经济发展局、标准机构和工会的代表。

技能认证委员会的职责是，向职业与工业训练局建议技能认证体系，批准要求达到的知识和技能标准，批准评估体系与测试方案，批准给成功通过评估和职业测试的学员颁发证书。

国家职业技能证书（NTC）是职业培训体系的支柱。职业技能证书分为三个等级：

● 国家职业技能三级证书（NTC-3）：掌握某一职业的基本知识和技能，具备成为熟练技术工人的基础。取得NTC-3，需要经过1—2年的基本训练或学徒培训。

● 国家职业技能二级证书（NTC-2）：熟练掌握某一专门职业或技能所需的全部知识和技能。取得NTC-2，需要经过2年全日制技能训练，或者5年在职工作经验。

● 国家职业技能一级证书（NTC-1）：最高水平的成就，相当于技术大师或者"Meister"[①]。取得NTC-1，需要经过多年工作经验和继续教育培训。

● 合格证书（Certificates of Competency）：通常面向狭义的、具体的某些工匠行业技能，如建筑、航海、船舶与海洋工程。

七、学员层次

职业与工业训练局招收的学员来源于多种层次。1978年《吴庆瑞报告书》发布后，新的教育制度改革得以实施。根据学术能力的不同，学生拥有各种不同的出口。因此，职业与工业训练局也相应地提供各种不同的入口，让学生可以参加职业培训。

---

① Meister，德语，与英语Master（大师）同义。

决策者们清楚地认识到，对于8年小学教育单语班（P8M）和延长班（P8E）的学生，要把他们成功地培养成为有效劳动力，关键在于职业培训和教育。因此，单语课程班的学生可以学习基础工程类课程，之后接着学习国家职业技能三级证书（NTC-3）课程；延长课程班的学生可以学习职前培训课程，之后，表现优秀者可以学习单语课程班的基础工程类课程和国家职业技能三级证书（NTC-3）课程；未达到标准的，可以参加学徒制培训，或者在"初级培训计划"的支持下寻求就业。

取得中等教育证书（CSE）者，可以直接进入国家职业技能三级证书（NTC-3）课程学习，成绩优异的甚至可以直接进入二级证书（NTC-2）课程学习。"O"水准考试两科成绩合格者，可以进入二级证书（NTC-2）课程学习；"O水准"考试三科成绩合格者，可以进入更高水平的两年制工业技师证书（ITC）课程学习。

学员有继续提升自己的通道，以确保不会只是停留在一个固定水平。例如，获得国家职业技能三级证书（NTC-3）后，可以继续获取二级证书（NTC-2）。

八、技能发展基金（SDF）

20世纪70年代中期，随着充分就业的实现，新加坡的失业形势得以缓解。在此之后，创造就业机会就演变成为有限的人力资源提供更高价值工作的问题。新加坡当时不仅人力资源缺乏，技能型人才也出现短缺，仍然有相当数量的劳动力没有接受过基础教育或培训，因而工资收入很低。

政府察觉到低工资陷阱的现实可能性，决定实行连续三年大幅提高工资的工资调整政策。经过20世纪60年代后期至70年代早期的经济快速增长以后，新加坡出现了劳动力市场紧张的迹象，政府担心工资可能会上升，而生产力却不会相应提高。为了因应这种形势，政府于1972年成立了由雇主联合会、工会和政府等三方代表组成的国家工资理事会。作为政府咨询机构，国家工资理事会建议，根据国家的整体经济增长形势，实行年度工资增长，允许有秩序地增加工资，并制订一系列激励计划，以提高全民生产率。

国家工资理事会制定的指导性工资标准并不是强制性的，但随后就在公共部门（迄今为止最大的雇主）和私营部门得以广泛实施。这些工资标准建议一般不适用于私营部门的专业人士和管理人员，因为他们的工资更多地是由市场供需情况决定的，但对于非专业性的白领和蓝领工人而言就比较重要。1973 年至 1979 年间，实际工资增长情况与国家工资理事会的建议方案非常接近。

1979 年，政府实行"工资调整政策"，投入资金，落实国家工资理事会"连续三年高工资"的建议。这样做的目的，是为了通过使工作岗位向更高附加值的行业转移这一结构性转变，实现生产率的提高，并减少对廉价、非熟练的外来劳动力的依赖，提高劳动生产率。与此同步，政府推行技能发展税政策。每个雇主必须按照低薪工人工资总额 2%—4% 的额度缴纳税收，作为技能发展基金。刚开始时，技能发展基金的征收率为低薪工人工资总额的 2%，1982 年提高到 4%，1985 年又回调为 2%。这是一项非常英明的决策，使得企业可以用技能发展基金来培训提升低薪工人的技能。

技能发展基金提供的资助，满足了低薪工人的培训需求，帮助他们提高生产率，并进入高薪工人的行列。同时，这也激励企业把工人送去培训，获得更高水平的技能。此外，通过要求企业对工人进行再培训的方式，技能发展基金也有助于防止企业为应对"工资调整政策"而预先进行裁员。

技能发展基金提供相当于培训费用 30%—70% 的培训补助，包括政府提供的员工缺勤补贴、经核准的培训机构的课程和海外实习费用等，也资助有关生产设计的咨询及相关培训费用。技能发展基金还支付高达 90% 的企业内部培训基础设施成本，以及协助进行课程开发和一些经常性费用支出。

随着时间的推移，技能发展基金的征收率不断调整，目前的征收率是月薪低于 4500 美元的员工总工资收入的 0.25%。

九、继续教育与培训

1981 年，职业与工业训练局进行的一项调查表明，大约有 30 万工人甚至没有接受过小学教育，限制了他们潜力的进一步提升。因此，职业与工业训练局推出"基础教育技能培训计划"（BEST），提供 4 个进阶式的基础数学、英语模块课程。成功完成这 4 个模块课程，就相当于达到小学学历，有资格参加技能培训。

为了帮助员工模块式地提升技能，职业与工业训练局又推出"模块化技能培训计划"（MOST）。因此，公司和员工可以制定一个非常具体的培训计划，最终取得对公司有用的技能认证。此外，职业与工业训练局还推出"中等教育促进工人提升计划"（WISE）培训班，面向那些希望提升中学程度英语和数学水平的员工。

参加基础教育技能培训计划、模块化技能培训计划和中等教育促进工人提升计划，都可以得到技能发展基金最高水平的资助，即补助90%的培训费用，并为雇主提供员工缺勤补贴。

这些培训计划堪称世界上最广泛、最完整的面向大龄工人的教育之一。由于当时全民普及教育还没有实现，大龄工人错过了接受基础教育的机会。这些培训计划使他们提高了劳动生产率，不断提升自己，同时强化数学和语言基础，能够接受职业和技术培训。每一个成年工人都有机会不断地提高受教育水平和获得技能认证。1979年至1991年，职业与工业训练局培训和认证了11.2万工人，相当于当时新加坡劳动力总数的9%。

当这一切安排就绪之后，1991年，职业与工业训练局又推出4种语言媒介的"成熟员工培训计划"（TIME）。因此，英语能力的不足不再是接受教育和实现个人提升的障碍。

到20世纪90年代末，职业与工业训练局已成为技能培训的主角，不仅面向预就业人群，而且面向已经就业的成年人。通过实施各种培训计划，开发适应不同水平需要的读写与算术课程，激励企业运用自身资源、培训师和设施开展培训，职业与工业训练局推动形成了全民培训和个人提升的社会风潮。新加坡人民的劳动力技能水平不断提高，并取得相应的技能认证。职业与技术培训变得更加可持续，更加容易得到，并得到技能发展基金的大力资助。在此必须要补充一点，全国职工总会（NTUC）领导下的工会，是职业与工业训练局的重要合作伙伴，在促进和鼓励工人自我提升方面发挥了重要作用。

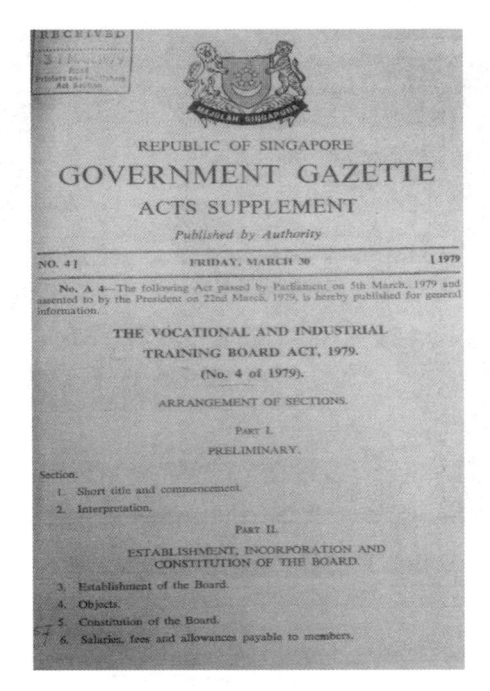

图 3.1 《职业与工业训练局法案》首页（1979 年）

图 3.2 宏茂桥（Ang Mo Kio）职业学院开学
（20 世纪 80 年代新加坡还成立了 9 所职业学院）

图 3.3 开展三级国家职业技能认证

第四章

经济发展局与技术教育

大事年纪

1961年　成立新加坡经济发展局（EDB）
1968年　成立机械工业发展署（EIDA）
1968年　英军基地宣布关闭及撤军
1970年　苏伊士运河关闭
1971年　英国从新加坡撤军完毕
1972年　成立国家工资理事会
1972年　成立达达政府培训中心
1973年　成立罗莱政府培训中心
1975年　成立飞利浦政府培训中心
1979年　成立职业与技术教育委员会（CPTE）
1979年　实施三年"工资调整政策"
1979年　日新培训学院（JSTI）开学
1982年　德新学院（GSI）开学
1982年　成立日新软件技术学院（JSIST）
1983年　成立法新学院（FSI）
1988年　成立精密工程学院（PEI）

一、创造就业：工业化的重要使命

1959年，新加坡民选自治政府上任，当时的形势着实令人担忧。国家经济主要依赖转口贸易及其相关服务业。例如为过往船只提供燃料补给、食物饮料、零配件等服务。同时，将从世界各主要港口运来的货物卸下入库，再转运至各区域性港口。然后，又将各区域的货物重新装船，运回工业化国家进行加工。

另一个就业来源是英国海军基地，它大约占新加坡 GDP 的 20%。海军基地本身可直接提供 3 万个本地就业岗位，同时还有为海外军人及工程师家庭提供服务的间接就业岗位。

新加坡当时几乎没有值得一提的工业和制造业，为满足人民日常生活和企业的职业需求，出现了很多正式和非正式的服务业。

当时，新加坡大约有 150 万人口，人口年轻且生育率高。政府意识到，如果不能迅速地提供就业，将会滋生巨大的社会问题，并被反民主的政治势力利用并制造混乱，乘机把民选政府赶下台。

马来西亚和印度尼西亚已经分别脱离英国和荷兰而获得独立，他们像很多新兴国家一样，决定采取"进口替代"经济发展战略。马来西亚和印度尼西亚的进口逐渐减少，对新加坡的贸易中心地位产生了巨大冲击。同时，这两个国家开始着手发展橡胶、锡等原材料及商品的初级加工业。

因此，根据荷兰经济学家阿尔伯特·温斯敏（Albert Winsemius）[①]博士的建议，新加坡政府决定走工业化道路。实施工业化战略，首先要吸引外国跨国公司来新加坡投资，带来技术、市场及就业机会。新加坡吸引跨国公司的优势是廉价劳动力，以及一系列激励政策措施，例如税收减免、现成的工业用地、邻近深水港、航空互通条件良好等。在这些令人兴奋和具有吸引力的举措之中，更重要的还有免去了繁文缛节的一站式审批服务中心，以及对贪腐零容忍的高效廉洁政府。

既然新加坡没有腹地，就让世界成为新加坡的腹地。

---

① 阿尔伯特.温斯敏（Albert Winsemius），经济学家，1910 年出生于荷兰。1960 年，温斯敏率领联合国开发计划署的一个调查团，到新加坡来指导新加坡实现工业化。温斯敏提出了很多有益的建议，例如保留莱佛士铜像与英文街道名称，反对保护主义，从生产服装之类的低端工业开始，发展电子、航运、金融等产业。李光耀非常赏识温斯敏，委任他担任新加坡的长期顾问、国家工资理事会主席。温斯敏于 1996 年去世，南洋理工大学于 1997 年设立温斯敏教席，纪念他对新加坡做出的贡献。

二、经济发展局（EDB）

经济发展局成立于1961年，负责推进新加坡的工业化进程，吸引海外投资者，提供土地、公用设施、道路等基础设施。新加坡西部的一片丘陵沼泽地——裕廊被选址建设第一个工业园区。山丘被夷为平地，沼泽地被填满；修建道路，划分工业用地；修建公寓及学校，完善供电供水设施。工业园区初期的进展比较缓慢。在这片贫瘠的土地上，第一个开工运作的公司是在本地注册为本地拥有的大众钢铁厂有限公司。

1962年9月，新加坡时任财政部长吴庆瑞博士为大众钢铁厂奠基，他大力支持裕廊工业园区的建设。1964年1月正式开业时，大众钢铁厂的产品已经开始形成商业化规模。

随着经济发展局不断致力于吸引投资者来裕廊工业园区投资建厂，新加坡的工业化开始初具规模。日本、美国、欧洲等世界各地工业化国家前来投资的企业纷纷开业。

经济发展局承诺为有意向的投资者提供完整的打包式服务，其中也包括提供训练有素的人力资源。虽然许多装配操作可以由非熟练工人进行，但是指导和监管这些操作，需要更高水平的技术和工程知识及技能。因此，尽管工业训练局以各种方式不断提升培训能力，还是不足以满足前来投资者的需要，他们要求进行订单式培训。

因此，经济发展局临危受命，深度参与新加坡的技术教育与培训，并成为接下来30年的主角。

最初，经济发展局技术咨询部人力发展组集中精力开发管理类课程，以解决中下层管理人员的短缺问题，满足正在飞速增长的监督管理岗位人员需要。1964年，这些课程全部转移到新成立的新加坡管理学院（SIM）。然后，经济发展局就着手解决技术人才短缺这一更为紧迫的问题。

新加坡与马来西亚于1965年8月痛苦分离后，经济发展的重点从国内市场转为出口导向。这种转变意味着，必须依靠更高水平的技术和更熟练的劳动力，提高产品质量，使产品能够参与世界市场竞争。

三、经济发展局培训中心

在联合国开发计划署（UNDP）的帮助下，日本、英国和法国等国家为新加坡提供技术援助，经济发展局着手建立6个带有"经济发展局烙印"的培训中心，涉及木工、机电技术、电化学技术、精密工程、产品原型设计等领域。1968年，这6个培训中心划归新成立的机械工业发展署（EIDA）管理。

然而，经济发展局培训中心的培训效率并不高，至少可以说是不突出。四年之内，经济发展局花费了1200万美元，仅仅培训了86名学员，就成本效益而言这并不合算。但是，这些学员一完成培训就立即找到了工作。更重要的是，这些培训中心引入了各个不同国家的培训体系。

四、设在跨国公司的培训中心

与此同时，前来新加坡投资的跨国公司渴求受过专门训练的熟练工人，而技术教育司或工业训练局提供的一般培训，都不能训练出这样的熟练工人。尽管在培训开始之前，跨国公司对其所需的各类设备和工艺流程都有具体的要求。

因此，经济发展局采取的下一步策略是，给跨国公司提供土地和房屋，为他们修建培训中心，培训技术人员。但是有一个条件，该培训中心也要为同一行业的其他公司培训相同数量的技术人员。经济发展局为跨国公司培训中心提供一些固定资产补助，并承担70%日常运行成本。因此，对于跨国公司来说，他们有了自己的培训中心，以及运行成本补贴；对于经济发展局而言，全新一代的学员将能完全适应业界需求，因为他们是由企业派出的老师、利用最先进的设备进行培训的。

经济发展局跨国公司培训中心的课程为两年制，第一年进行基础训练，第二年进入生产车间实习。培训期间学生可以得到津贴，完成培训后颁发学徒证书。他们在经济发展局待5年，可以派往任何一家公司。

达达（Tata）精密工业公司、罗莱（Rollei）、飞利浦（Phillips）先后成立了这样的培训中心。这是一个多方共赢的局面：跨国公司获得所需的专门技能；经济发展局依靠跨国公司发展壮大工业；学生不仅有培训津贴，而且经过两年培训，收获一份不错的高技能工作。

得益于与跨国公司的紧密合作，经济发展局对各种信息了然于胸，包括跨国公司所需技能和人员的准确类型、正在使用的机器设备，以及未来计划或者现有计划的调整变化。

经济发展局未雨绸缪、积极进取，为正在建设和装备中的工厂培养熟练技术工人，确保工厂能够早日开工运行，完成其创造就业增长的使命。这样，经济发展局就准确地把握了市场脉搏，例如技能与人力供需情况、公司绩效情况等。

五、英军基地员工速成再培训

由于英军从新加坡基地突然撤离，经济发展局还肩负着员工再培训的主要责任。1968年，英国国防部长丹尼斯·希利（Denis Healey）宣布，英国将加快关闭新加坡英军基地的进程，并于1971年完成撤军。

英军基地从新加坡撤离，意味着3.8万人将失业，相当于新加坡总劳动人口的20%。此外，没有了英国政府、军队及其家庭的消费，新加坡GDP将损失25%。文员、话务员、厨师、女佣、司机、园丁、技术人员等员工的就业都受到影响，他们再就业的唯一希望是获得适应市场需要的技术技能。

1968年3月，经济发展局与教育部商定，推出速成培训计划。利用学校、培训中心和职业院校等一切可以利用的空间，在金工、装配、机械、无线电维修、管道工等领域开展员工再培训。

就培训数量和员工重新安置而言，速成培训计划并不算完全成功。然而，经济发展局反应敏捷，并与其他政府机构密切合作。1970年，这种密切合作派上了用场。当时，埃及政府关闭了苏伊士运河，往来船只必须从好望角绕行，航程大大增加。船只在风大浪急的海面上航行，使得船舶磨损增加，这给新加坡的船舶维修工业带来了一个小高潮。与此同时，随着南中国海石油勘探业务的增加，新兴石油钻井工业也迅速发展起来。

同时，船舶维修和海上石油钻井工业对合格焊接工的需求突然剧增。经济发展局与合作伙伴一起，再次采取行动，创造设备条件，大量培训焊接工。从1970年到1973年，通过全日制、部分时间制和临时短期培训等方式，培训了1789名焊接工，满足了迅速增长的船舶建造、船舶维修、石油钻井工业的需要。哪怕名义上并没有一滴石油，新加坡却成为全球领先的石油钻井平台和炼油中心之一。

六、外国政府主导的培训学院

在经济发展局的积极推动下，外国政府提供资金和技术支持，新加坡建立了一批科技学院。这是继小规模培训中心和跨国公司培训中心以后，经济发展局对技术培训的又一重大贡献，也是对1979年政府实行高工资政策和成立职业与技术教育委员会（CPTE）（贸工部长任主席）等举措的响应。

经过20世纪60年代后期到70年代早期的经济快速增长，新加坡出现了劳动力紧张的迹象，政府担心工资可能会上升。于是，政府于1972年成立了由雇主、工会和政府等三方代表组成的国家工资理事会。作为政府咨询机构，国家工资理事会的职责是，根据国家整个经济形势，提出年度工资增长方案；确保工资实现有序地增长，促进经济与社会发展；提出关于发展国家生产力的意见。

1973年到1979年，实际工资增长情况与国家工资理事会的建议方案非常接近。正如上一章提到的，政府宣布实施"工资调整政策"，其中建议实行连续三年高工资的方案。

落实这些政策、实现工资增长，意味着新加坡必须迅速转向高附加值的制造业和服务业。职业与技术教育委员会支持经济发展局的动议，推动外国政府出资成立科技学院。这些科技学院将加速知识与技术的转移，特别是在产业需求不断增长的领域。

1979年，第一所科技学院——日新培训中心（JSTC）开学。第二所科技学院是德新学院（GSI），投资了价值1200万美元的德国设备和价值1500万美元的生产技术援助，例如先进的工厂自动化和计算机辅助制造。

为满足未来信息通信技术（ICT）产业增长的需要，日新软件技术学院（JSIST）于1982年成立，以支持计算机软件和服务业的发展。新加坡和日本两国政府达成协议，日本通过日本国际合作署（JICA）提供技术援助。日本IT业巨头捐赠了价值800万美元的硬件和软件，提供24个培训奖学金，在日本培训当地老师。

法新学院（FSI）紧接着于1983年成立，专注于机电和电子技术，在电气和电子工程（重点是工业电子）、工厂自动化和工业计算机等领域提供初次培训和继续培训。法新学院的成立得到了法国电子与电工技术工程师高等学校（ESIEE）的大力支持，该校是巴黎工商会（CCIP）一所闻名遐迩的高等专科学校。

科技学院招收完成12年教育、通过"A"水准（高级水准）考试的学生，提供两年制各学科文凭课程。学生一年培训48周，每周44小时，这正好与新加坡正常工作日时间一致。

科技学院普遍采用基于"教学工厂"理念的教学方法，尽可能地模拟企业真实工作环境，这是经济发展局所属培训学院的鲜明特色。学院与业界伙伴保持紧密合作关系，各个管理委员会均来自龙头企业。学生和老师都深度参与真实产品及工艺流程开发，解决企业实际问题，让学生为未来工作及生活做好准备。

经济发展局与业界紧密合作，继续开发和资助专业课程，以满足当前及预期需要。例如：1986年和1987年，经济发展局开发了研究生课程——集成电路（IC）设计和自动化工程；然后于1988年和1989年，推出产品设计、工厂自动化、工具与模具设计、自动化等4个文凭后（post-diploma）课程；为技术人员开设表面贴装技术课程。

关于经济发展局，罗琳达（Linda Low）博士在一本书[①]中写道："然而，新加坡努力实现工业化的进程中，经济发展局最伟大的创举，当属它主导的人力开发与培训计划。"但这还不是全部，经济发展局在世界各地设有办事处，一直在搜寻和关注新趋势、新技术、新商业模式，给新加坡创造良好、薪酬不错的工作。作为面向外国投资者的一站式服务中心，经济发展局使出浑身解术，让新加坡成为外国直接前来投资的首选之地。如果这意味着需要为主要投资者或产业提供合适的技能，经济发展局也从未退缩。

但是，这些都是新加坡工业化早期热火朝天的景象。今天，新加坡的教育景观已经发生了巨大变化。新加坡拥有5所理工学院，开设250个文凭课程[②]；拥有5所公立大学[③]；还有工艺教育学院的誉满全球的技术教育体

---

① 即《挑战与回应：经济发展局的三十年》。
② 文凭课程（diploma programme），相当于"专业"。
③ 即新加坡国立大学（NUS）、南洋理工大学（NTU）、新加坡管理大学（SMU）、新加坡科技设计大学（SUTD）、新加坡理工大学（SIT）。此外，新加坡有1所私立大学——新跃大学（SIM），也得到政府资助，面向成年学员在职接受大学教育。

系。所有这些，形成了教育型、知识型、技能型社会的坚实基础，随时响应社会需求。

下一章，我们将考察理工学院的成长经历，及其在新加坡整个技术教育体系中扮演的重要角色。

图 4.1　法新学院裕廊校区

图 4.2　德新学院裕廊校区

第五章

理工学院发展成熟

大事年纪

1954 年　成立新加坡理工学院（SP）

1963 年　义安公司创办义安学院

1967 年　义安学院由新加坡政府接管，改制为公立

1968 年　义安学院更名为义安技术学院（NATC）

1976 年　新加坡理工学院院长由首位新加坡人邱凯柴先生担任

1982 年　义安技术学院更名为义安理工学院（NP）

1990 年　成立淡马锡理工学院（TP）

1992 年　成立南洋理工学院（NYP）

2002 年　成立共和理工学院（RP）

新加坡目前有5所理工学院，面向工业、商业和服务业的中层职位，培养训练有素的辅助性专业技术人才，对经济发展起着重要的支撑作用。理工学院的这一定位，经过了几十年的探索才得以明确。在新加坡技术教育发展早期，理工学院仅仅是工程和技术领域的中学后教育机构，涵盖职业技能、技术教育和职业教育。

随着时间的推移，以及一批职业培训及职业教育学院的成立，理工学院主要为中层职位培养辅助性专业技术人才的角色定位得以逐渐确立。这样定位的参照依据是，专业技术人才（大学学位）与辅助性专业技术人才（文凭）的人数需求最初为1:4。随着经济发展进一步向资本驱动和知识经济演进，这一比例变成1:2。随着经济增长，大学招生规模不断扩大，理工学院也必须进行调整和适应。在本章中，我们将会看到理工学院不断发展

壮大，进而在经济发展中发挥举足轻重的作用的成长经历。

在第一章我们知道，新加坡第一届政府选举前不久的1954年，新加坡第一所理工学院——新加坡理工学院成立了，官方大张旗鼓地举行了开幕仪式，爱丁堡公爵殿下亲自出席。自治政府上任后，改变了新加坡理工学院的整体发展方向，要求其为"通过工业化快速创造就业"的新经济政策提供支撑。

新加坡理工学院引入了工程技术类的新课程，技工类课程分离到工业训练局，专业文凭课程转入新加坡大学（SU）成为学位课程。新加坡理工学院保留机械工程、土木工程、电气工程等技师文凭课程，以及航海学各种资格证书课程。多年以来，新加坡理工学院与新加坡的经济社会发展相伴而行。

1965年8月9日，新加坡宣布成为主权独立国家，除了依靠优越的地理位置，她的生存完全取决于人的潜力。但是除却这些，新加坡几乎没有可以为经济发展提供坚实基础的资源，包括土地、自然资源、供水、内陆腹地或任何其他方面的资源。

新加坡的5所理工学院已经并将继续发挥着至关重要的作用，为新加坡的商业和工业培养核心人力资源。几十年来，新加坡的理工学院已经享誉全球，深受学生和雇主欢迎。本章将理工学院作为技术与职业教育及培训体系之中的一个整体（而不是以单独的学院），追寻其发展壮大的轨迹。

一、20世纪60年代：改革与巩固阶段

新加坡刚刚独立建国的20世纪60年代，理工学院迎来了初期的迅猛发展。为了推进工业增长，使新加坡成为制造业中心，新加坡理工学院经历了一些激进而痛苦的变革，从一个殖民时期的机构变成具有前瞻性的教育机构。这些改革，发端于《曾树吉报告书》。当时，所有工艺类课程转到新成立的新加坡职业学院，暂时在马里士他职业学校上课。这样，新加坡理工学院就有了更多的精力和空间，扩大技术与职业层次的课程规模。

有一个短暂时期，新加坡政府曾考虑过按照英国的做法，把新加坡理工学院升格为高等科技学院，并为此做了很多准备。例如，1964年哈特（C A Hart）博士领衔的科伦坡计划英国研究小组建议新加坡理工学院与新

加坡大学合作，后者为前者的会计、建筑等专业课程颁发学位。1967年，首批合作的毕业生获得会计学位。

为了进一步支持新加坡理工学院升格，教师在奖学金资助下到海外学习，福特基金会的专家也纷纷来访，并启动了一些研究计划。新加坡理工学院的师资力量得到增强，仅1964至1965年间，教师数量就从268人增加到338人。按照聘任合同，学院允许教师兼职做咨询服务工作。

所有这些努力，对新加坡理工学院而言结果都等于零，新加坡大学倒是有所斩获。经过一段长时期的争论之后，1968年末政府做出了明确决定，新加坡理工学院仍然定位于培养技术人才，不能让混合式的办学使命及员工期望来冲淡学院的中心任务。新加坡理工学院的专业课程及其师资转移到新加坡大学，并成为新加坡大学工程系、会计系、建筑系等3个系的组建基础。然而，几年过去之后，新加坡大学的工程系仍然还留在爱德华王子路新加坡理工学院的场地办学，直至其肯特岗（Kent Ridge）新校区建设就绪。

过渡时期的这些改革，在很长一个时期内都有些混乱，特别是对于学生和教师。但是，新加坡理工学院的办学使命得以明确，并使得整个20世纪70年代及以后，新加坡理工学院、新加坡大学这两所学府都能够更加可持续地发展。

新加坡理工学院开始专注于培养技术人才，并开设两年制的工业技师证书（ITC）课程，以此来衔接工业训练局的工艺课程和三年制技师文凭课程。加之工业科技系的正规文凭和航海研究系的合格证书（CoC）课程，新加坡理工学院的学生规模扩大至差不多5400人。为了满足学生规模增长的需要，新加坡理工学院在爱德华王子路新修了一栋附属大楼，在亚逸拉惹（Ayer Rajah）和杜佛路（Dover Road）的玛丽公主军营修建了两个卫星校区。

与此同时，新加坡一所提供四年制学位教育的私立大学——义安学院（Ngee Ann College）也发生了剧烈动荡。为与南洋大学抗衡，华商和代表新加坡潮汕人的义安公司（或称宗乡会馆）创办了义安学院，校址位于坦克路（Tank Road）义安公司总部。义安公司并没有被师资短缺和生源下降的情势所吓倒，制订了办学规模扩张计划，在金文泰路（Clementi Road）的公司用地上修建新校区。

义安学院邀请两位优秀的美国教育专家，即麻省理工学院的卢西恩（Lucien Pyehe）教授和卡耐基基金会的亚瑟·辛格（Arthur Singer）教授，为学院的发展出谋划策。经过广泛咨询与磋商，两位专家建议，义安学院可以采取美国社区学院的模式，广泛开设技术与职业课程，以及面向工人提升技能和继续教育的课程。义安公司采纳了专家的建议，并以此为基础筹建新校区。然而，新校区基建项目就引起了学生的强烈抗议，他们觉得自己被欺骗了，降格接受技术教育。同时，关于义安公司是否有足够的财力支持学院基建和运行成本，董事会内部的意见也有分歧。很快，新校区基建就被叫停了。消息一经传开，学生们纷纷要求给出叫停的理由。1965年6月7日，全校1000名学生罢课，示威抗议持续了两天。

在此之前，政府已经委任一个专门委员会，研究义安学院的未来发展。马来亚大学唐苏柏（Thong Saw Pak）教授担任委员会主席，《唐苏柏报告书》提出一项影响深远的建议，即义安学院应该改制成为公立学院，为商业和工业培养"文凭层次"[①]的技术人才。义安公司和政府均接受了这一建议，1967年9月7日，国会通过《义安学院法案》，义安学院正式从私立改制为公立。

义安学院第一次委员会会议裁定，作为公立学院，所有的行政管理人员和班级都搬离坦克路义安公司的场地，迁往金文泰路新校区。义安学院开始了真正转向，且在政府主导下，因应形势需要能够快速做出决策。1968年，政府资助义安学院开设了第一个文凭课程——机械工程。同年，义安学院更名为义安技术学院（NATC）。到1971年，义安技术学院开设了电气工程文凭和工商管理、文秘等课程。很快，最后一批学位课程的学生毕业了，学位课程也随即被取消。1971年，英语取代华语作为教学媒介语言；当年4月，义安技术学院迎来首批非华人学生。

这样，到20世纪60年代末，新加坡理工学院和义安技术学院的办学性质和定位问题已经解决，这有助于推动它们接下来几十年的发展壮大。那时，政府的工业化计划已经起飞，对熟练技术人才的需求正飞速增长。

[①] 理工学院不颁发学位，只颁发文凭，"文凭层次"（Diploma level）相当于我国的专科学历。

二、20世纪70年代：第一阶段飞速发展

20世纪70年代，新加坡理工学院和义安技术学院经历了第一轮的飞速发展。实际上可以说，经过前10年的改革与巩固时期以后，他们从未停止成长和发展。这一时期，新加坡经济发展从低劳工成本和劳动密集型经济向高技术和高技能经济转变，对熟练工人和高素质技术人才有着持续强劲的需求。

在杜进才的介入下，英国军队留给新加坡政府的玛丽公主军营遗址被划给新加坡理工学院，军营遗址位于杜佛路，面积共37公顷。1975年，新加坡理工学院开始兴建新校园，投资5300万美元。1978年，新加坡理工学院3个校区整体迁入新校园，一直到今天。

与此同时，义安公司捐赠20公顷土地给义安技术学院，着手开始扩建计划。为了建立良好声誉和提升文凭质量，义安技术学院与伦敦中央理工学院建立长期合作关系，从伦敦中央理工学院借调副校长、电气与电子工程系主任、商贸系主任等3名高级管理人员。从1975年到1979年，所有文凭均由义安技术学院和伦敦中央理工学院联合颁发。

随着1978年新校区正式开学，义安技术学院迎来了第一个5年扩张期。由于两所学院都完成了扩建计划，义安技术学院与新加坡理工学院的实力已不相上下。这正好与当时经济重建的趋势相一致，即逐步淘汰低附加值劳动密集型工业。根据职业与技术教育委员会提出的优先发展领域，学院增加了很多新课程，以计算机应用和设计为重点，强调高级技术技能。

三、20世纪80年代：第二阶段飞速发展

正当第一阶段扩建工程即将完成并进行技术训练工作部署的时候，职业与技术教育委员会提出了更高的技术人才培养目标。新加坡理工学院和义安技术学院均进行设施更新，开始第二阶段的扩建计划。

既然两所学院的课程及标准开始趋于一致，且均由政府投资基建、设施和设备，自然就应该统一称为理工学院。因此，1982年，新加坡第二所理工学院——义安理工学院（NP）诞生了。同时政府宣布实施第二阶段的扩建计划，为义安理工学院投资2亿美元，为新加坡理工学院投资1.82亿

美元。

两所学院实施了第二阶段的扩建计划，理工学院教育的学生总规模达到1.8万人，其设施设备可与海外大学媲美，理工学院教育的面貌开始发生改变。两所学院的面积和学生人数进一步增加，设施设备条件更加完善，例如一流的体育运动、休闲娱乐和艺术设施，以及学生中心和拥有公共在线查询系统（OPAC）及数字化资源的现代化图书馆。同时，还开展了总体规划、教师专业发展、教育质量保证、海外教师招聘，以及与加拿大社区学院协会（ACCC）等志同道合的机构合作等工作。新加坡理工学院、义安理工学院开始走向国际，越来越多的海外大学开始认可理工学院毕业生的质量，为他们提供奖学金和学位课程学分转换。

此时，两所理工学院的课程设置已经广泛覆盖各领域，包括商业管理、计算机与软件技术、会计，以及广泛的工程类课程，例如造船、近海工程、电子、建筑制图、模型制作，重点偏重于硬工程（hard engineering）课程。到20世纪80年代中期，新加坡理工学院以拥有世界上最大的计算机辅助设计与制造（CAD/CAM）训练设施而自豪，且所有文凭课程都含有扎实的计算机辅助设计内容。

1988年，新加坡理工学院宣布实施第三阶段扩张计划，在校生规模将达到1.2万人。义安理工学院也同样如此，1990年和1992年宣布分两步实施第三阶段扩张计划。

四、20世纪90年代：第三阶段发展及新建理工学院

在20世纪70年代和80年代期间，虽然新加坡理工学院和义安理工学院在校园面积、学生规模和课程设置等方面都快速增长，但这都还不能与20世纪90年代的发展相提并论。仅仅在这十年期间，新加坡政府就宣布新建了两所大型（full-sized）理工学院。国家培养技术人才的能力仅十年就翻了一番，堪称高效。

新一代的新建理工学院之中，第一所是淡马锡理工学院（TP）。自1967年政府接管义安学院并将其转型为技术学院以来，淡马锡理工学院是第一所从零开始建设的政府公立理工学院，也是第一所从一开始就设计为1.2万人办学规模的理工学院。为满足日新月异的经济带来的需求增长，此

前两所理工学院在不同阶段实施的扩张计划,为新建理工学院进行卓越非凡的总体规划提供了借鉴和契机。

政府在20多年后新建第一所理工学院,这对淡马锡理工学院而言是一个机会,可以采用全新的组织方式,设置较少的学系数量(例如商业、设计、工程、信息技术、应用科学)而不是成立很多部门,每个学系专注于一个文凭(例如机械工程系提供机械工程文凭)。这种新的安排方式使各个学系能将现有课程与学科领域内其他课程结合,更加迅速地开发和推出新文凭课程。机电一体化就是第一个这样的文凭课程,结合了电子、控制和机械工程。这也更加利于两个或三个学系协同合作,提供跨学科的文凭课程,例如商业信息技术文凭。

新成立的淡马锡理工学院是开发社会急需的专业课程培训项目[①](niche diploma)的先行者,也是开发满足服务业快速增长的专业课程培训需求方面的先行者,例如旅游与酒店管理、零售管理、设计、物流与运营管理、服装设计与营销。法学专业课程培训项目的开发就是一个很好的例子,鉴于通过实际工作学会技能的那一代律师助理即将退休,该课程培养训练有素的律师助理,协助律师的研究与案件准备工作。新成立的淡马锡理工学院带来了竞争性创新,创造了之前不存在的新学科,而这曾被认为只是综合性大学的事。

淡马锡理工学院率先在校园内创造基于企业的真实学习环境。学生经营的零售店、旅行社、餐厅和酒店房间等,在进入就业市场之前就为学生提供了真实生活经验和信心。制造半导体芯片并进行质量保证的洁净室达到了业界生产应用的水准,因此将来准备去半导体晶片制造厂工作的学生,对工作中即将运用到的微纳米技术就会驾轻就熟。这些设施条件,也创造了一个更为全面综合的学习环境,包括商业计划、预算、营销、会计、项目管理、谈判与演讲技巧、团队合作和冲突管理能力。

淡马锡理工学院基于企业的真实学习环境,为全校所有学系和课程采用"问题启发式教学法"(PBL)奠定了基础。"问题启发式教学法"的动因来自于这样一种认识,即所有课程讲授的知识和技能都面临过时淘汰的风险。因此,为学生提供的最好的服务就是,培养学生在规定时间内分析

---

① 参加此类专业课程培训项目可获得相关文凭。

和解构问题、全方位寻求解决办法并提出综合解决方案的能力。"问题启发式教学法"模拟毕业生将来任何工作场所、任何时候必须要从事的工作，创造结构化的自主学习、自主探究知识与技能的学习方法，或者称之为与"备用学习"（just-in-case learning）相对的"即时学习"（just-in-time learning）。运用"问题启发式教学法"等创新的教学方法，加强基于价值观的教育，奠定学生未来发展的基石，淡马锡理工学院的办学使命也改述为"让毕业生适应动态变化的未来"。

淡马锡理工学院要求所有教学人员完成两年制师资培训课程，获得外部认证。这样，所有正在产生和实施的创新，就有了坚实的教学法基础。学院要求学生必须修读基于价值观教育的品格教育课程。该课程今天仍然在继续实施。

新建一个学生规模达1.2万人（目前已经扩大到1.5万人）的校园是淡马锡理工学院进行规划设计的良好机会，让校园环境优美且有利于学习和学生互动。最终，淡马锡理工学院坐落在新加坡东部一个水库[1]旁边，可以称之为世界上最美的理工学院校园。哪怕水库并不是校园的一部分，运用日本"借景"设计理念，水库也融入整体设计之中。清晨和傍晚，常常可见师生们环绕水库漫步的身影。

所有这一切，确立了新生的淡马锡理工学院作为开拓创新先锋的地位，使之备受钦佩和仿效。随着时间的推移，所有理工学院（很快就将达到5所）纷纷采用淡马锡理工学院首创的组织模式和教学方法。之前两所理工学院[2]逐步朝"学系模式"发展，而随后新成立的两所理工学院[3]从一开始就采取了这种模式。

鉴于淡马锡理工学院取得的巨大成功，以及理工学院毕业生的高就业率，政府决定将同届中学生就读理工学院的入学率提高至40%（每届中学生大约有5万人），即理工学院每年可招收2万名中学生。如果把那些继续在本地及海外大学攻读学位的计算在内，理工学院入学率已经达到45%。

1992年，淡马锡理工学院成立仅两年之后，政府建立了第四所理工学院——南洋理工学院（NYP），以健康科学系为基础，提供职业治疗、护

---

[1] 即勿洛（Bedok）水库。
[2] 指新加坡理工学院和义安理工学院。
[3] 指南洋理工学院和共和理工学院。

理、理疗和 X 光等文凭课程。实际上，当初"第三所理工学院筹备组"就建议开设这些文凭课程，但是这些建议没有被采纳。然而就在两年之内，新思维就开始盛行，即这些课程由教育机构提供比卫生部更加有利。理工学院更广泛的资源和互动环境将使学生从中受益，享受更加充实的校园生活。

第二年，经济发展局属下所有的培训学院（参见第四章）移交给南洋理工学院。法新学院、德新学院、日新学院和精密工程学院移交给南洋理工学院，成为其工程系的组建基础。就凭这一步，南洋理工学院得益于法国、德国和日本这些领先学院的知识转移，在工厂自动化、机电一体化、机器人和通信技术培训方面处于领先地位。这些培训学院移交给南洋理工学院以后，入学要求从"A"水准改为"O"水准，文凭学制从 2 年延长到 3 年，与其他理工学院相一致。

南洋理工学院凭借"教学工厂"理念打造了其品牌地位和特色。在这种教学理念的指导下，实验室和课堂设计尽可能地接近真实工作环境。教师与业界紧密合作，把企业真实问题和项目引入学院，实行学生分组教学寻求解决方案。像其他企业一样，南洋理工学院按市场价格对这些项目收费，并签订关于质量、成本和交货期限的真实合同。

企业项目创造了逼真的学习环境，对教师和学生而言都是挑战，学习内容既深且广。这些项目达到行业质量要求，并纳入公司的生产经营。唯一的问题是生产周期，因为交付产品要花一年的时间。

南洋理工学院的新校园也非常棒，从一开始就进行总体规划设计。学院邻近繁忙的地铁站，为来自新加坡各地的学生提供了便捷的交通。

五、21世纪第一个10年期间：理工学院发展成熟

2002 年 8 月，新加坡第五所理工学院——共和理工学院（RP）成立，新校园位于新加坡的北部。政府在 12 年之内新建 3 所规模齐全的（full-scale）理工学院，每所学院大约 1.2 万名学生、1300 名教师，这表明政府对理工学院的管理才能已经很娴熟了。每新成立一所理工学院，政府就会从其他学院和政府机构选派关键管理人员，形成关键领导团队；加之一个由行业领袖组成的董事会，所有的管理机构均得以迅速建立，工作程序得以

设置并付诸实施。

然后就是招聘教师及行政教辅人员,并且往往首先在临时校园开始运作。与此同时,任命建筑设计师、工程师和项目经理,按照理工学院的具体要求设计和开工建设新校园。每所理工学院都开设特色鲜明、针对性强的文凭课程。

共和理工学院由日本建筑师槙文彦(Fumihiko Maki)[①]整体规划设计,校园环绕广场而建,形成一个便于学生互动交流的学习圈。至于针对性特色领域,共和理工学院专注于运动与休闲管理、艺术,定位成为新加坡北部艺术中心。开始几年,共和理工学院也广泛采用"问题启发式教学法",作为所有课程的主要教学方法。

随着5所理工学院的成立,每所学院达到近1.5万名学生规模,每届中学生入学率达到45%,理工学院已成为新加坡中学后教育的主要途径。目前,这5所理工学院共开设250个文凭课程供学生选择。加上每届中学生有25%进入工艺教育学院,则每届中学生选择技术与职业教育及培训道路的比例达到70%。然而,选择进入硬工程(hard engineering)专业的学生仅有50%。技术与职业教育及培训现在涉及广泛,包括各种与服务业相关的职业,例如信息通信技术(ICT)、综合医疗保健、商业与会计、体育运动、零售、旅游与酒店,以及很多其他职业。

这使得技术与职业教育及培训对女生很有吸引力,女生至少占理工学院学生总数的50%。大量服务业相关的课程(例如商业、会计与金融、信息技术、零售、酒店),以及创意类课程(例如设计、媒体与影视制作),已经使理工学院对女生有了同等的吸引力,而工程类课程的学生60%仍然是男生。

理工学院都非常重视企业家精神培养,把它纳入课程内容,并建立了创业支持体系,例如,发现与改进原始商业计划、寻找原始资本和风险投资、职业辅导,甚至入股。其中大部分是通过理工学院自己的校友来实施的,他们凭自己的实力已经成为成功的企业家。

[①] 槙文彦(fumihiko maki),1928年生于东京,日本现代主义建筑大师,毕业于东京大学建筑系,美国建筑师协会名誉会员、英国皇家建筑师协会名誉会员,1993年获建筑界最高荣誉普利兹克奖。他设计的主要作品有:东京华哥尔艺术中心、京都国立近代美术馆、东京体育馆、神奈川研究生科研中心、朝日电视台新大楼等。

最近25年来，新加坡的理工学院已经发展成熟了，它们拥有世界级的校园、多样化的课程、广泛的国际交流。理工学院不断开拓创新，充分了解市场，提供市场驱动、就业导向的教育与培训。

六、大力开展招生推广

工艺教育学院在其体系内虽然有3个学院，但仍然属于单一实体组织。而五所理工学院尽管同属教育部管辖，但每所学院都是自主办学实体，因此在生源、实习就业、教师、企业合作伙伴和学院声誉等方面存在着激烈的竞争。

首先是生源的竞争，中学向理工学院输送学生，因此理工学院面向中学的创新推介活动层出不穷。各理工学院纷纷举行校园开放日、家长接待日和中学竞争活动，推出优先录取体育、艺术和学术方面的"明星学生"等举措，使出浑身解数向中学推介理工学院及其课程。结果，即使在每年招生数达到近2.8万人的情况下，理工学院仍然广受欢迎。同时，这也使得理工学院的生源质量越来越好。进入理工学院的学生，如果他们愿意的话，大约40%本来是可以进入初级学院、走更加直接的学术途径进入大学攻读学位的，但是他们优先选择了理工学院。

以前却并不总是这样。20世纪80年代和90年代，那些很少接触技术或理工学院教育的中学老师们，并不把理工学院当做是学生的首选。但是，理工学院文凭毕业生的就业率高，工作不错，继续攻读学位的途径也是开放的，这些连学生自己都已经知晓的事实，中学职业辅导老师们再也不能视而不见了。

工艺教育学院也采取同样的策略，争取生源，保持质量。下一章我们将会看到工艺教育学院的转型之路。

七、清晰的办学使命

理工学院在世界各地并不罕见，然而不同国家的做法不一样。例如，瑞士苏黎世和洛桑的高等理工学院是从事尖端技术的高端科研和教学机构。英国的理工学院由全国学位授予委员会（CNAA）授权颁发学位、前英国技术教育委员会（BTEC）授权颁发文凭，这些理工学院在20世纪90年代早期已经升格为自治大学，提供应用及产业前景更好的大众化高等教育。澳大利亚的技术学院也是如此。

只有加拿大和美国，社区学院仍然坚持其特色和使命，尽管他们也有凭社区学院文凭或副学士学位直接升入大学的明显趋势。在发展中国家，理工学院是大学"贫寒的堂兄弟"，因为它们经费不足、资源紧张、师资缺乏，而且经常讲授过时的技术。

新加坡的理工学院则不同，它们共同形成中学后教育体系的基石，接收大约45%的中学毕业生，为学生今后的就业或进一步深造奠定坚实基础；它们拥有大学学院里所有最好的设施，包括完整的体育设施以及演艺中心，可以广泛开展课外学生活动；它们不仅提供基础文凭，而且还提供继续教育的高级专科文凭及职业课程；它们为已就业成年人开设广泛的夜校课程，深深扎根于商业、工业和社区之中。

每个理工学院都建有一批卓越的科技中心，与业界伙伴建立广泛联系，与产业发展并驾齐驱，甚至引领产业发展趋势。学院的应用研究项目资金雄厚，使教师保持最好的状态，来开发技术和商业模式。

把理工学院升格为大学的主张遭到政府强烈反对，政府担心，培养出一个庞大的大学生人群，他们处于半失业状态，干着跟理工学院毕业生一样的工作，深感沮丧与失意。取而代之，政府着手为理工学院毕业生建立一种结构化、有计划的升学途径，以适应国家经济增长的需要。第八章将对此进行详细探讨。

今天，新加坡的理工学院被认为是经济增长的核心驱动力之一。它们与全球企业和高等教育机构建立了联系。在各种服务学习计划支持下，理工学院学生大约有半数在学习期间远赴海外，进行交换生、语言浸濡、海外实习或社区服务项目。到全球企业实习的人数每年都在增加，理工学院的目标是为每一位学生提供一次本地和一次海外企业实习。

理工学院的毕业生充满自信，熟悉工作要求，不需要进行广泛的再培训就能为企业做出有效贡献。因此，每年的就业跟踪调查均显示，他们非常抢手、深受雇主欢迎。从1954年成立第一所理工学院算起，已经历时50年。但是，新加坡的理工学院已经发展成熟，并不断改造自己，永葆生机活力。

第五章　理工学院发展成熟　65

图 5.1　1979 年，前总理李光耀主持新加坡理工学院杜佛新校区开学典礼时向来宾致辞

图 5.2　新加坡理工学院第一位本地新加坡人院长邱凯柴（Khoo Kay Chai）先生（1976—1995）向前总理李光耀展示杜佛新校区模型，时任教育部长王鼎昌先生、艾哈迈德·玛达（Ahmad Mattar）博士（最左）和李光耀夫人（最右）陪同观看（1979年，新加坡理工学院杜佛新校区正式开学典礼）

图 5.3　义安学院 1968 年更名为义安技术学院，1982 年更名为义安理工学院。1982 年 4 月 16 日发布《义安理工学院法案》

图 5.4　2000 年，为跟上产业竞争步伐，理工学院不断更新升级设备与技术

图 5.5　南洋理工学院宏茂桥校园鸟瞰

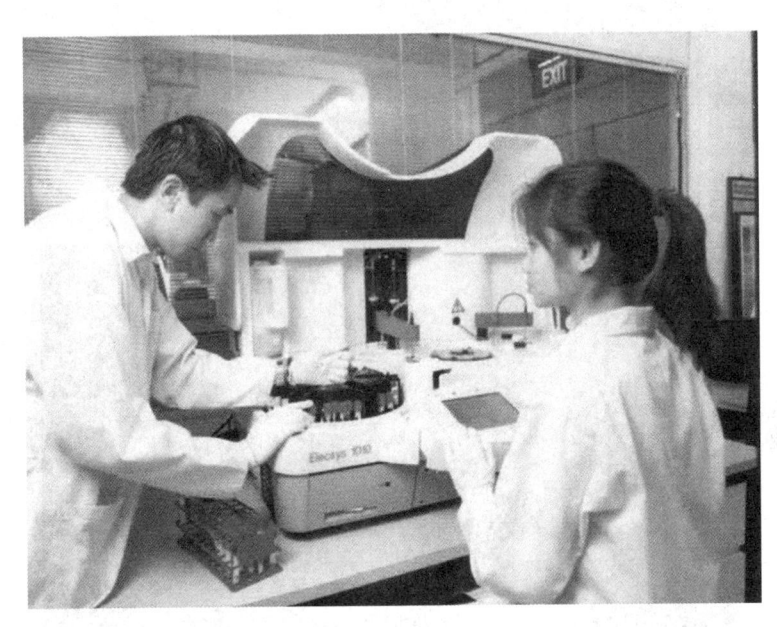

图 5.6　用于化学传感器制作的高真空磁控溅射系统（新加坡理工学院，2001 年）

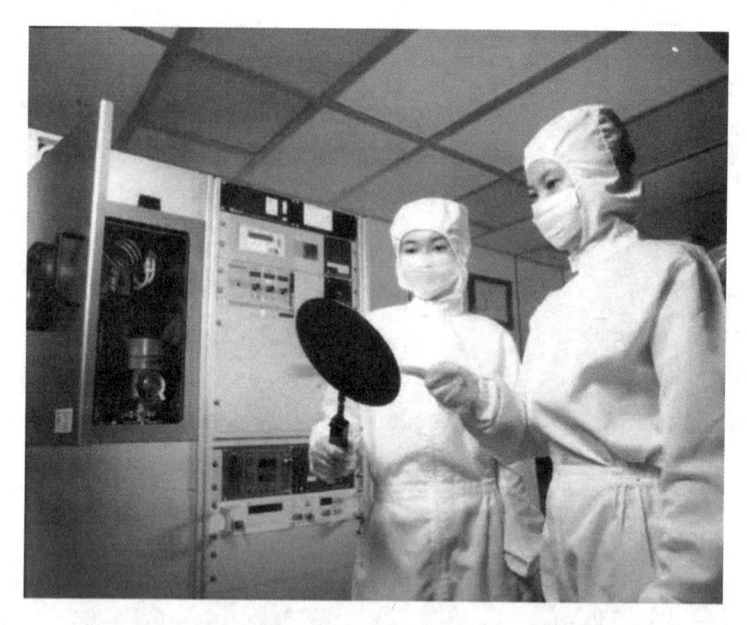

图 5.7　拥有高真空溅射系统的高科技微电子实验室
（新加坡理工学院化学与生命科学系，2001 年）

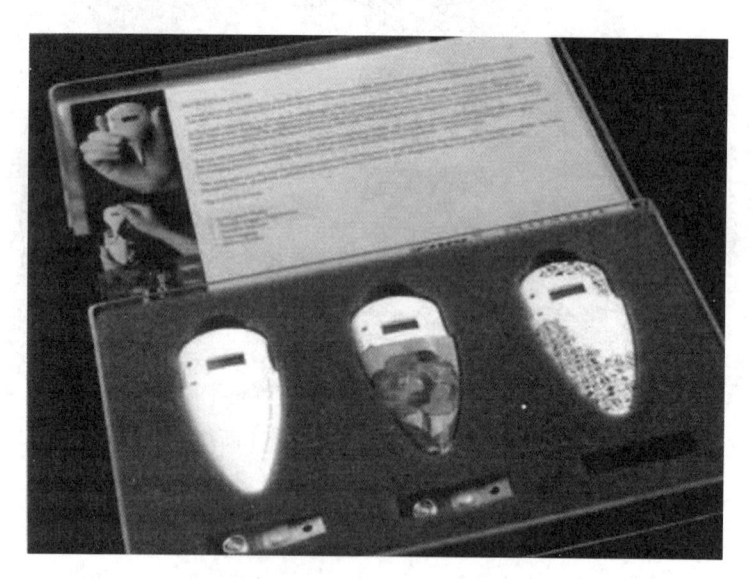

图 5.8　2003 年 4 月"非典"（SARS）疫情爆发高峰期，
淡马锡理工学院开发温度计徽章

图 5.9　义安理工学院校园振兴计划，保持教学、体育和娱乐设施跟上时代潮流

图 5.10　实操训练，为当地企业面临的紧迫挑战提供创新和实用的解决方案

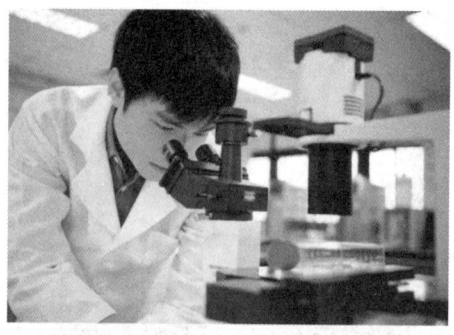

图 5.11 挑战和拓展学生解决业界实际问题能力的新中心

图 5.12 2007 年，在教育部"理工学院—海外专业学院合作计划"支持下，义安理工学院与波士顿惠洛克学院签订合作备忘录

第五章 理工学院发展成熟　71

图 5.13　共和理工学院艺术中心夜景

图 5.14　共和理工学院学生舞蹈表演

图 5.15　新加坡理工学院宏伟的行政大楼

图 5.16　由英军基地历史建筑改建的新加坡理工学院学生活动中心

第五章　理工学院发展成熟　73

图 5.17　理工学院的体育场馆设施（共和理工学院）

图 5.18　淡马锡理工学院校园，詹姆斯·斯特林（James Stirling）和迈克尔·威尔福德（Michael Wilford）设计

图 5.19 淡马锡理工学院是唯一经新加坡民航局认证批准具有飞机维修培训资质的理工学院

图 5.20 淡马锡理工学院学生运用冰淇淋制作设备学习食品加工，例如产品开发、包装设计和工艺优化

第六章

职业技术教育[①]转型之路

大事年纪

1991 年　小学教育改进检讨委员会报告书
1992 年　工艺教育学院成立，取代职业与工业训练局
1994 年　继续教育与培训检讨委员会报告书
1995 年　工艺教育学院"2000 战略计划"
1998 年　职业与技术教育和工艺教育学院形象重塑
2000 年　工艺教育学院"突破战略计划"
2005 年　工艺教育学院"创优战略计划"
2005 年　建立"一制三院"管理模式
2005 年　工艺教育学院东区学院开学
2010 年　工艺教育学院"创新战略计划"
2010 年　工艺教育学院西区学院开学
2014 年　工艺教育学院中区学院和总部开学
2015 年　工艺教育学院"开拓者战略计划"

正如第三章所述，1979 年以来，职业与工业训练局已经成为新加坡职业与技能培训体系的基石，培养了大量的满足商业和工业需要的有能力、训练有素的人才，取得了卓越的成绩。然而，随着经济逐步成熟，知识作为工作"工具包"（toolkit）之中的一个关键方面，人们对它的需求开始显现。

[①] 此处原文为 TVET，即"技术与职业教育及培训"，译文力求标题简洁，简称"职业技术教育"。

例如，8年小学教育单语班（8M）和延长班（8E）的小学生，毕业后接受职业与工业训练局的技能证书培训，最多也只能达到三级证书（NTC-3）水平，雇主对此并不满意。他们需要的是完成10年中小学教育，然后接受中学后阶段职业培训的工人。

培训期间的学生损失也非常惊人。参加培训的小学生60%不能顺利完成培训，其原因是他们的数学和英语学习基础不够。因此，新加坡的教育体系面临双重挑战：

（1）重新设计学校体系，每个学生完成至少10年基础教育；

（2）重新定位职业教育，纳入中学后教育体系。

这是两个非常严峻的挑战，一旦成功应对，将彻底改变技术与职业教育及培训的面貌，堪称其转型发展的现代奇迹。本章将讲述新加坡如何实现这个奇迹。

一、变革的动力

1992年，政府决定进行重大的经济结构调整，这对职业与工业训练局来说是一个转折点。经济结构调整是新加坡下一阶段发展蓝图规划的结果，同时也意味着将同步进行学校体系的重构。

1990年，作为新兴工业化经济体，新加坡已经崭露头角，与南韩、中国台湾、中国香港一起并称"亚洲四小龙"。经过几年的两位数增长，新加坡的经济已经逐渐成熟。其他地区的经济运行良好，对新加坡企业而言意味着大量的发展机会。

1991年，新加坡公布"经济战略规划"（SEP），勾画了未来30年新加坡经济发展的蓝图。该规划以进入发达国家第一方阵为愿景，提出了新加坡下一阶段经济重组与发展的策略和计划。新加坡把前进方向聚焦在成为高科技制造业中心和国际商业中心上，本地企业则专注于发展出口和区域投资。因此，需要加快培养劳动力。

同时，1990年7月，时任教育部长（新加坡现任总统）陈庆炎（Tony

Tan）[1]博士组建了一个检讨委员会，对新加坡的学校体系展开调查，包括职业培训。决策者已经认识到，职业与技术教育（VTE）体系已经不能有效地支撑新加坡下一阶段的快速发展。大部分中学毕业生进入职业与工业训练局普遍表现良好，但对那些完成8年小学教育的小学生来说就不是这样了。

85%的小学后进生进入职业与工业训练局，其中只有40%能够完成最低层次、半熟练水平的国家职业技能三级证书（NTC-3）课程，主要原因是英语和数学水平不够。也有很多学员认为课程的市场价值低而退学，被工资待遇较好的工厂或服务行业吸引过去。20世纪80年代末期关于职业与工业训练局毕业生的就业跟踪调查也表明，75%的毕业生没有得到与他们培训相匹配的工作。此外，考虑到需要对毕业生进行再培训，以跟上科技进步和经济变化的步伐，雇主更倾向于招聘至少达到中学教育水平的职业教育毕业生。

时任教育主任约翰·伊普（John Yip）领导一个12人组成的检讨委员会（包括本书作者），研究学校系统的课程设置、需求与期望、学生分流、职业教育与培训等问题，也研究德国和日本的学校体制，以资借鉴或者加以修正以适应新加坡的实际。

1991年，该委员会发表题为《改进小学教育》（但通常被称为"绿皮书"）的报告书，对《吴庆瑞报告书》的条款进行了重大改动。小学阶段的分流推迟1年，到四年级结束时进行，学生分流到不同难度的班级（英语、数学、科学和母语），称为EM1、EM2和EM3[2]，他们都参加小学离校考试。过去的"通过/不通过考试"（pass/fail examination）被重新定位为"分级编班考试"（placement exam）。中学阶段，普通源流分为"普通（学术）"

---

[1] 陈庆炎（Tony Tan，也称Tan Keng Yam），新加坡共和国总统。1940年2月生于新加坡，祖籍福建厦门。新加坡国立大学物理学学士、美国麻省理工学院理科硕士、澳大利亚阿德莱德大学数学博士。曾任新加坡国立大学数学系讲师、国立大学校长、新加坡华侨银行主席兼首席执行官。历任新加坡教育部政务部长、贸工部长、财政部长、教育部长、国防部长、副总理兼国防及国家安全统筹部长等职。2011年8月就任总统。2015年6月29日至7月4日，应习近平邀请，陈庆炎曾对中国进行国事访问。

[2] "EM"的E代表English（英语），M代表Mother Tongue（母语）。EM1指英语和母语作为第一语言；EM2指英语作为第一语言，母语作为第二语言；EM3指英语作为第一语言，母语作为第三语言或口语。

和"普通（工艺）"，后者新开设技术科目课程，为毕业生进入工业训练局或职业与工业训练局培训做准备。

对技术教育而言更为重要的是，《改进小学教育》报告书提出了两项重要建议，对职业与工业训练局的重组产生了重大影响。

第一，该委员会建议，所有的学生在进入下一层次的教育或培训之前，必须接受至少10年普通教育，包括中学教育。其次，中学阶段新设置工艺导向（technically-oriented）课程，称为"普通（工艺）"课程，旨在加强学生的英语和数学能力，为今后顺利进入职业教育和培训铺平道路。

这是教育政策的重大转变。此前的要求是，学业最差的学生在从事职业培训前，需完成8年的中小学教育。现在这一重大转变将会使学生有更多的选择，根据个人兴趣、资质和潜力，选择学术途径或技术（职业）途径，接受进一步教育深造和培训。

这样，职业与工业训练局需要进行重组，成为提供职业与技术教育的中学后高等教育机构。同时需要树立自己的形象，成为进一步教育深造的一种选择途径，消除人们关于技术与职业培训途径是失败的这种担心。这种转变将是非凡惊人的，需要进行认真思考和周密谋划。

参与完成这一蜕变的关键人物是刘桑成（Law Song Seng）博士，他当时是职业与工业训练局的董事。作为职业与工业训练局内部"提升职业训练检讨委员会"的主席，刘桑成博士领导其团队提出进行广泛的改革，包括课程重构、学徒制培训、为学生提供更多机会获得更高水平的技能和接受进一步教育与培训，以及改善训练环境。其中尤为引人注目的一项改革是为"职业与工业训练局"更名。

在《职业与技术教育的突破——新加坡的故事》一书中，刘桑成博士这样回忆职业与工业训练局的更名："……这是摆脱'职业'一词的战略举措，由于根深蒂固的认知成见，'职业培训'和职业与工业训练局被当做是学习失败者的最后一站。"因此，为改变社会对职业培训的观念及态度，委员会经过深思熟虑，决定去掉"职业与工业训练局"这一名称中的"职业"一词，而代之以"工艺"（technical）。这将更好地反映"中学后教育机构提供高水平技能课程"的含义。

这样，带着兴奋与厚望，工艺教育学院（Institution of Technical Education，ITE）于1992年4月诞生了。工艺教育学院的成立，是新加坡职业训练发展史上最重大的进展之一。然而，后来经历了20余年的战略规划、勤奋工作和坚持不懈的努力，工艺教育学院才被人们完全接受和赏识。

二、新的工艺教育学院的角色与职能

职业与工业训练局向工艺教育学院的转型，从一开始就需要有一个清晰的表述，即工艺教育学院与前者有何不同、在新加坡职业培训与教育的未来发展中扮演何种角色，以及它对国家建设的贡献。

关于这一点，工艺教育学院主席、已故教育部高级政务部长郑永顺（Tay Eng Soon）博士1992年3月31日在工艺教育学院开学典礼上进行了清晰地阐述。郑永顺博士被人们恰如其分地称为致力于改变新加坡职业培训与教育的"总设计师"。他是工艺教育学院热情的倡导者，并充分认识到技能对于改善新加坡人民生活的重要性。郑永顺博士指出，工艺教育学院的使命和职能如下[①]：

> 工艺教育学院的使命是，"通过卓越的技术教育与培训，最大限度地激发新加坡人民的潜能，提高我们的劳动力素质，提升新加坡的全球竞争力"。这一使命宣言，明确了工艺教育学院的角色和承诺，即满足我们经济发展对熟练技工的需求。为达成这一使命，工艺教育学院主要有以下五项职能：
>
> 1. 开发、推广和管理技术训练与教育课程
>
> 随着我们经济发展的高移，工艺教育学院将面向中学毕业生，扩大更高水平的技术训练的课程规模。开发满足产业需求的新课程。中学毕业生将会有更加广泛的、适合他们兴趣和能力的全日制及学徒制培训课程。工艺教育学院学生将接受全面发展的教育，他们不仅技艺精湛，而且身体健康，具有社会责任感。
>
> 2. 开展继续教育与培训，提升劳动力的技术技能
>
> 然而，我们没有接受过培训的工人数量仍然很庞大。由于各种原

---

① 1992年3月31日，教育部高级政务部长郑永顺博士在工艺教育学院开学典礼上发表题为《重温工艺教育学院转型》（Reliving ITE's transformation）的演讲，第14页。——作者原注

因，他们没有参加目前的继续教育与培训课程。工艺教育学院将重点实施三项新举措，帮助这批工人主动前来参加培训。

（1）成熟员工培训计划（TIME）

这项计划为40岁以上的12万名工人设计，帮助他们提升技能，并使他们在未来十年至二十年里依然能从事与技术相关的工作。工艺教育学院预计，这部分的现实目标可以达到4万人。该计划于1991年12月推出，培训课程用四种语言讲授，而且没有通常是适用于年轻工人的正式入学要求，这将给大多数没有受过什么正规教育的成年工人提供第二次培训机会。

（2）新推出"成熟员工培训计划"

第二项举措旨在吸引技能不熟练的年轻工人兼职参加培训课程。工艺教育学院将采取新的策略，使目前的兼职"模块化技能培训计划"（MOST）惠及更多工人。工艺教育学院将考虑采取一种新的合作培训方法，即雇主提供在职培训，作为工艺教育学院脱产培训的补充，可称之为"成人版学徒制"。

（3）成立继续教育与培训咨询委员会

第三项举措是，工艺教育学院将研究成立一个咨询委员会，统筹面向工人的各种继续教育与培训计划。该委员会由雇主、工会和政府代表组成，统筹推进和监督所有继续教育与培训计划的实施与推广，包括"基础教育技能培训计划"（BEST）、"中等教育促进工人提升计划"（WISE）、"模块化技能培训计划"（MOST）和"成熟员工培训计划"（TIME），并且提出成年年轻工人的培训计划建议。

3.管理和推广基于企业的技术技能培训与教育

工艺教育学院的第三项职能是，进一步推进基于企业的培训。工艺教育学院有两项计划：

（1）扩大学徒制培训的范围

第一，工艺教育学院将与业界紧密合作，强化和扩大新加坡的学徒制培训。我很高兴地看到，新加坡制造商协会（SMA）去年9月赴德国和瑞士考察"双元制"学徒培训，他们深信学徒制培训的优点。他们建议，成立一个由雇主、政府和工会代表组成的学徒制培训委员会，在雇主和学校毕业生之中推广学徒制培训。该委员会的关注重点是，通过学徒制培训满足中小企业对熟练工人的需求。

（2）建立企业内部（in-house）培训中心

第二，鼓励和帮助更多企业自己建立培训中心。我们现在大约有48个企业培训中心已获批准。这些培训中心，有合格的业界培训老师和培训设备，开办可以获取工艺教育学院证书的课程。他们还具有灵活性，根据业界具体需求而量身定制培训课程，培训更多的人力。

4.管理技能证书和技术技能标准

第四项职能是，工艺教育学院将把技能认证的范围扩大至新兴的技能领域。随着我们的经济变得更加以服务为导向，除了零售、卫生保健和旅游服务等现在已经可以开展认证之外，工艺教育学院将把服务技能证书延伸至其他新兴领域。我们还将确定更多的认证领域，开展最高级别的国家一级技能证书认证（NTC-1）。

5.推广和提供技术服务培训与教育咨询服务

工艺教育学院的第五项职能是，为雇主提供工人培训服务。工艺教育学院将帮助企业确定培训需求、开发课程、设计指导书，以及开展师资培训。工艺教育学院还将分享技术培训的经验和专长，支持新加坡在国际社会中发挥作用。

郑永顺博士在演讲中宣布，新加坡将新建7所工艺教育学院，并在未来5—6年内对现有3所工艺教育学院进行升级，预计投入高达2.5亿美元。

教育部高级政务部长郑永顺在开学典礼上的演讲，对工艺教育学院的教师和业界具有重要意义。随着技术教育提升至中学后教育层次，技术教育的入学门槛提高了，这与新加坡"经济战略规划"中向高技术制造业和服务业转变的设想一致。由于学生必须完成10年中小学教育，工艺教育学院不仅生源质量将得以提高，办学规模也将扩大。这一新的定位，激励所有的工艺教育学院进行升级提升。

三、工艺教育学院的品牌再造

尽管工艺教育学院的定位已经明确清晰，并将投入巨资进行全面改造，但是关于它的负面印象还继续存在。改变公众的观念与态度，需要坚持不懈地努力。在题为《致一位年轻公职人员的信：可能实现的使命》的专栏文章中，刘桑成博士回忆到："任务非常艰巨，关键的挑战是重塑职业与工业训练局的品牌，改变社会对于职业培训的观念和态度。职业与工业训练局长期背负着负面印象，作为学习失败者的最后一站而被社会回避。"

除了公众印象问题，还需要有一个清晰的2000年愿景目标。掌舵工艺教育学院并使之朝着正确方向迈进的灵魂人物是魏德海（Eric Gwee Teck Hai）先生，他于1994年就任工艺教育学院董事会主席。

郑永顺博士于1981年至1993年期间担任职业与工业训练局、工艺教育学院的董事会主席。在他的极力主张下，1992年成立了工艺教育学院，成为中学后教育的重要支柱。但遗憾的是，他未能看到工艺教育学院成为一个让他感到无限自豪的学院。郑永顺博士于1993年8月不幸英年早逝，时年53周岁。之后，魏德海先生于1994年接掌工艺教育学院董事会主席一职。他是埃索新加坡私营有限公司的董事，有着私营企业管理的视角。

工艺教育学院以下4个关键性的问题得以明确：

——强化工艺教育学院作为可靠的中学后教育机构身份的必要性；

——提升教职员的专业能力；

——升级各学院的硬件条件；

——创建"整体性学习"（total learning）环境。

工艺教育学院培训的负面形象和地位，把工艺教育学院贬低为最不受欢迎的教育途径，成为失败学生的选择。因此必须提高教职员的素质，培养一批培训经理和部门领导。

魏德海先生认为，我们面临很多挑战，关键是改变学院的形象，因而决定主要关注这个问题。用他自己的话说，"改变工艺教育学院的形象，与花哨的广告无关，关键是别人（意见领袖和公众）如何看待我们的每一位毕业生。做到这一点，我们需要了解工艺教育学院学生的简况及特点。董事会的当务之急是与教育部合作，全身心致力于工艺教育学院的管理，建立一个可行的教育体系，使学生、家长、教师和整个社会都容易接受"。

为了建立技术教育全球领导者的地位，从1995年开始，工艺教育学院经历了三个连续的发展阶段，每一阶段都制定"五年战略蓝图"。从2010年到2014年的第四阶段，作为技术教育的创新者，工艺教育学院赢得了全球赞誉。2015年，工艺教育学院推出第五阶段的"工艺教育开拓者"路线图——成为职业与技术教育的开拓者。

四、工艺教育学院"4P"转型之路

工艺教育学院综合运用"4P"策略转型发展，每个"P"代表 1 个核心要素：

——People：人的转型（教职员、文化、能力）
——Product：产品转型（证书、课程）
——Place：场地转型（基础设施、学习环境）
——Promotion：推广转型（形象、品牌、推广）

五、第一阶段：工艺教育学院"2000战略计划"（1995—1999）

工艺教育学院第一个五年战略蓝图称为"2000 战略计划"（ITE2000），其愿景目标是：到 2000 年，把工艺教育学院打造成一个明确的中学后教育机构。工艺教育学院执行副总裁（法人）塞布丽娜·洛伊（Sabrina Lois）女士回忆到，这是四个战略蓝图之中最艰难的一个，因为对于教师而言，创建这样一个路线图是一项全新的事业，而且他们没有参照标准。

"2000 战略计划"认为，工艺教育学院的培训要为两类关键人群服务，即中学毕业生和工人。因此，必须为中学毕业生设计满足产业不断变化需求的培训课程，特别是那些普通（工艺）源流的毕业生，以及未完成 10 年中小学教育就离校的学生。培训课程还要帮助已经工作的人们提升和更新技能，以跟上职场变化。

"2000 战略计划"的目标还在于，在邻近主要人口中心区的战略位置，形成一个包括 10 所现代化工艺教育学院的网络。重新设计、修建和升级学院的硬件设施，满足中学毕业生的需要和期待，这将有助于吸引他们选择工艺教育学院。

同时，工艺教育学院认为，领导能力、社会能力、计划能力及其他生活技能，应当融入到培训课程之中。因此，"2000 战略计划"的另一个目标是，创建有利于促进学生全面学习和自我发展的校园环境。

教师必须具有专业资格，以满足中学后教育阶段学生的需要，这一点也反映在"2000战略计划"之中。其目标是提升教师的教学能力、专业能力和学历资格。此外，关键是要培养他们具有一种关爱学生的内在精神，以及更具有互动性、质疑性、探究性、挑战性和咨询性而不是以教师为中心的教学方法。

工艺教育学院的负面形象问题，将是另一个关键性的挑战，并且需要多年坚持不懈的共同努力才能解决。为了评估对工艺教育学院的社会偏见，政府委托开展了一项"公众认知研究"。作为该研究的一项成果，1997年开发出了"品牌价值指数"（Brand Equity Index），它是在对焦点组（目标人群）访谈和问卷情况进行综合分析的基础上形成的，其中涉及8个反应组（response groups）——未来学生、意见领袖（包括教师）、家长、雇主、普通群众、工艺教育学院学生、毕业生、讲师。这将形成衡量工艺教育学院成功的基准，也是制定市场推广和品牌战略的基础。

工艺教育学院"2000战略计划"提出，主要采用两种策略加大推广力度。一种策略是，主动瞄准对技术与技能培训有正面印象和价值观的中学生。另一种策略是改变公众的误解，培育对技术培训更好的认可度，并尽力去填补信息鸿沟。这样，通过品牌推广计划、与利益相关者直接接触和系列媒体宣传活动，工艺教育学院开始了重新定位的进程。

1998年至2000年，工艺教育学院推出第一届媒体宣传活动——"心想事成"（make things happen）。该活动传递的关键信息是，工艺教育学院毕业生对新加坡经济和人民日常生活做出了至关重要的贡献。各种媒体广泛参与，工艺教育学院与记者建立融洽的关系，为他们提供及时、有新闻价值的故事。

工艺教育学院通过网络系统增进与社会面对面的接触。从各中学开始，通过非正式接触、交流讨论、开放校园、推送宣传材料等方式，传播信息，消除误解。通过技能竞赛，技术培训的地位也得到了提升。1995年，工艺教育学院率先代表新加坡参加了世界技能大赛。

关于"2000战略计划"的评估，魏德海先生在《工艺教育学院2000—2001年度报告书》中指出，"2000战略计划"的愿景目标已经实现。工艺教育学院已经成功转型，成为一个明确的中学后技术教育机构。以下是报告摘录，突出强调了下列成就：

"……2000年,尼尔森公司(AC Nielsen)[①]开展的'品牌形象价值研究'(Image Equity Study)结果表明,关于工艺教育学院培训的公众认知已经得到改善,把它作为中学后教育的一个可行的选择途径。对于很多中学毕业生,工艺教育学院现在是一个有吸引力的选择。

2000年度我们的招生成绩,强化了人们对工艺教育学院教育的这种态度转变。就中学毕业生总体招生录取率而言,我们超过了国家为工艺教育学院设定的目标。普通(工艺)、普通(学术)和'O'水准毕业生的招生录取率分别为76%、80%和48%,我们成功地招收了1/4的应届毕业生。结果,与计划招生数16310人相比,2000年度的招生人数高达17695人。

我们的继续教育与培训课程同样如此,工艺教育学院及其合作企业提供的培训学额总数达到216683个,比上一年度提高9%。"

精心设计、设施齐备的现代化校园,是工艺教育学院"2000战略计划"实施期间最为显著的变化之一。通过"硬件发展十年规划",工艺教育学院建成了10个校区,分别位于宏茂桥、马里士他、勿洛(Bedok)、碧山(Bishan)、武吉美拉(Bukit Merah)、金文泰(Clementi)、杜佛、裕廊、淡宾尼(Tampines)和巴西班让(Pasir Panjang)的人口中心区。

2000年4月,时任教育部高级政务部长陈品山(Peter Chen)在第四届"工艺教育学院学生颁奖典礼"演讲中指出:

"除了提升硬件设施,我们还付出了大量的努力,营造校园环境,提供全人教育(holistic education)。各种增益课程已经落实到位,工艺教育学院学生在接受技术训练的同时,能够最大限度地发挥他们的天赋,并锻炼领导才能。这些平台包括,学生会、课外活动社团(ECA Clubs)和体育运动。通过合作经营商店、参加研习班和全国技能大赛,还可以得到进一步锻炼。工艺教育学院学生在公开演出中,展示出他们在艺术和音乐方面的才能。提供这种种机会和环境,目的

[①] 尼尔森公司(AC Nielsen),荷兰VNU集团属下公司,总部位于美国纽约,是全球领先的市场研究公司,服务对象包括消费产品和服务行业,以及政府和社会机构,提供市场动态、消费者行为、传统和新兴媒体监测及分析等。

在于引导他们成为积极的公民，为国家建设做出贡献。"

工艺教育学院"2000 战略计划"的成果还体现在一些旨在提高个人技能和专业学历的教师发展举措上，包括正规的提升课程、再培训课程和企业实习。例如，通过实施"进修奖励计划"，大学毕业程度的教师人数增加了，能够承担关键的专业和领导角色；工艺教育学院合作伙伴，即联邦德国巴登－符腾堡州的教育、青年及体育部举办的"大师培训计划"，使工艺教育学院的杰出优秀教师成为了同事的指导老师。这些举措提升了教师的信心、形象和社会地位。鉴于在人力发展方面的担当，2000 年 12 月，工艺教育学院被授予"人力发展标准"（PDS）[①]认证。

此外，工艺教育学院获 2000 年度"新加坡市场推广奖"，以表彰其在提升品牌形象方面同心协力的努力。同时还获得新加坡生产力与标准局颁发的 2000 年度"杰出质量控制组织奖"，以表彰其在"全国生产力与创新运动"中取得的成就及做出的贡献。

六、第二阶段：工艺教育学院"突破战略计划"（2000—2004）

工艺教育学院第二个五年战略蓝图——"突破战略计划"（ITE Breakthrough）的愿景目标是，使工艺教育学院成为世界一流的学院。工艺教育学院执行副总裁（法人）塞布丽娜．洛伊女士把"突破战略计划"描述为"主要范式转变"："通过实施这个计划，我们重新审视职业与技术教育的基本假设，改进我们的证书、课程和教学模式，重构我们的流程，使我们的体系和服务向世界标准看齐"。

随着新加坡向知识经济的快速转型，对工艺教育学院而言，非常重要的是要做到实用有效、契合产业和反应敏捷，并使学生"从知识的容器转变为知识的应用者"。根据"突破战略计划"，工艺教育学院的课程和学习模式必须进行检讨，以适应全球经济不断变化的需求。工艺教育学院技术训练教学体系与产业发展的相关性和适应性需要加强，且必须提升完善其

---

① 新加坡标准、生产力与创新局（The Standards, Productivity and Innovation Board, 简称 SPRINGSingapore）推行的"人力发展标准"（People Developer Standard，PDS）认证。

继续教育与培训体系，为终身学习这一国家战略提供支撑。还有一项紧迫的任务是，通过发展学习型组织提升组织能力。此外，要继续进一步改善工艺教育学院在技术训练方面的形象。

按照"突破战略计划"，工艺教育学院开发出一种新的课程模式。在这种课程模式下，核心模块（core modules）占80%的学时，重点培养学生的专业技术能力，其中实践学时占70%、理论学时占30%。此外，开设一批选修课，满足学生跨学科学习以及选修感兴趣课程的需要。最重要的是，这种新的课程模式将15%的学时用于培养学生的生活技能，包括团队合作、沟通交流、独立思考与解决问题、体育与健康、职业发展与规划、客户服务等方面的能力。这一变化将有助于增强学生的专业技术能力、方法能力和社会能力，为他们的终身学习和在全球市场取得成功做好准备。

与强调知识应用相一致，工艺教育学院的教学方法也实现了转型，形成了一种互动型、过程导向的PEPP模式（Plan—计划、Explore—探究、Practice—实践、Perform—呈现）。根据PEPP模式，在教师的指导下，学生共同制定学习计划、查找所需资料、在实践中学习，最后熟练地呈现学习成果。

第二阶段转型期结束时，工艺教育学院形成了四大课程群——工程、电子信息通信技术、应用健康科学、商务服务。为满足产业人才需求，不断推出新课程。2002年7月，形成了新的工艺教育学院技能证书体系——国家工艺教育局证书（Nitec）体系，在应对新兴领域方面有更大的灵活性，且更好地体现了工艺教育学院教育的价值和毕业生的能力。工艺教育学院还制定了"创业发展框架"，培养学生的创业精神。

2001年1月，工艺教育学院的10个校区重新整合为两大学院——东区学院和西区学院（各5个校区），其目的是进一步促进跨学科、跨年级的交叉学习。这种网络式架构，允许学生在不同校区选修课程，将不同领域的学生联合到项目学习工作中，从而有助于更好地开展互动和增强自信。

继续教育与培训也进行了重组，以进一步加强整合与协同推进就业前培训。2003年7月，工艺教育学院推出了一项新的重大举措——"ReNEW（新经济新技能）计划"[①]。该计划提供速成强化课程、额外的工艺教育学院

---

① "ReNEW"是"Reskilling for New Economy Workforce"的缩写，直译为"更新技能，成为新经济劳动力"。

证书课程、新的国家工艺教育局证书后（Post-Nitec）课程，以进一步提升毕业生以及在职成人的培训机会和就业能力。同时，继续教育与培训业务的具体运行也整合到工艺教育学院的两大学院，以便提高质量、产业相关性和响应能力。继续教育与培训还推广网络学习的方式。

2002年，工艺教育学院兴起在线学习社区，率先开发了"在线教学辅导系统"（eTutor system），各校区之间和跨领域的互动与合作得到进一步增强。通过电子邮件、在线交谈和讨论区发帖，教师可以更加有效地在线评估学习情况，跟踪学习进度，与学生进行沟通交流。

为了准确反映工艺教育学院教师的能力提升，以及重点作为指导者的角色，教师被重新定位，称为"讲师"（Lecturers）；要求教师参与企业项目和企业实习，使他们能够跟上产业发展。所有这些进一步凸显了工艺教育学院作为一个高等学府的形象和地位。2002年进行了"工艺教育学院教学与服务检讨"，要求提高师资队伍的资格要求、重新设计薪酬结构，为满足资质和兴趣需要建立四个新的教师职业发展通道——教学、领导、专家、技术专家。

另一个声称是本地区同类系统第一家的"在线学习系统"（eStudent），也是工艺教育学院在"突破战略计划"期间的首创。该系统为学生提供基于网络的平台，自我管理各种行政服务事务，例如注册、缴费、申请补助、选课和制定课程表。

为进一步推进品牌形象塑造，工艺教育学院开展了第二届品牌宣传活动，即"工艺教育学院——知识经济背后的力量"。本次活动的重点是宣传工艺教育学院与主要增长产业的相关度，提升其作为可选择的技术教育学院的形象。政治领导人、媒体和利益相关者的大力支持，使这一活动的效果得到了增强。特别是在2002年，时任教育部长张志贤（Teo Chee Hean）[①]先生带领由43名新加坡国会议员组成的最庞大代表团到访工艺教育学院，获得大量媒体宣传报道，极大地提升了工艺教育学院在决策者和

---

① 张志贤（Teo Chee Hean），新加坡副总理兼国防部长。1954年12月出生于新加坡，1973年获新加坡总统奖学金赴英国曼彻斯特大学深造，拥有伦敦帝国学院理科硕士学位，美国哈佛大学肯尼迪行政管理学院公共行政学硕士学位。先后担任新加坡海军总长（1991年）、代环境部长兼国防部高级政务部长（1995年）、环境部长兼国防部第二部长（1996年）、教育部长兼国防部第二部长（1997—2003年）、国防部长（2003年）、副总理（2009年）。张志贤也是当年孙中山在新加坡创立的同盟会新加坡分会会长张永福的曾侄孙。

公众舆论中的形象。

工艺教育学院举办"体验工艺教育学院"活动,吸引潜在的未来学生。这是一个为期两天的实习活动,工艺教育学院最先进的设施和学习环境向他们完全开放,让他们充分享受亲自动手实践学习的乐趣。工艺教育学院面向中学教师和实习教师推出"发现工艺教育学院"活动,让他们体验和领会技术训练的实用性,使他们能够给那些可能更擅长接受技术教育的学生提供指导。给中学领导定期提供技术教育的最新发展动态、举行家长恳谈会、开展巡回宣传。这些,都是为了树立工艺教育学院作为一个可行选择的形象,特别是对于那些从事实践动手的学习者来说。

工艺教育学院"突破战略计划"的实施,帮助毕业生获得了更强的就业能力,获得雇主高度满意的评价。成功的明证就是,2005年工艺教育学院成为第一个获得"新加坡素质奖"(SQA)[①]的教育机构。这是一个(由政府颁发的)具有重大意义的商业方面的奖项,以此表彰工艺教育学院取得的卓越成绩。这标志着,工艺教育学院在公众心目中的形象已经彻底转变。

七、第三阶段:工艺教育学院"创优战略计划"(2005—2009)

"创优战略计划"(ITE Advantage)是工艺教育学院第三个战略蓝图,这个名称恰如其分,其愿景目标是成为技术教育的全球领导者。这一大胆而勇敢的愿景,致力于抢抓全球格局中瞬息万变的新机遇,培养不仅能就业而且能走向世界、在国际同行中出类拔萃的毕业生。

这个战略蓝图聚焦于四个目标。第一,学生必须为竞争日益激烈的全球环境做好准备。这就要求,工艺教育学院的教育要通过课程作业、企业实习和企业项目,加强理论与实践的融合,培养学生的领导能力和创业能

[①] "新加坡素质奖"(Singapore Quality Award,简称SQA),1995年设立,由新加坡标准、生产力与创新局(The Standards, Productivity and Innovation Board,简称SPRINGSingapore)颁发。政府为鼓励各商业机构争取卓越的成绩,实行"新加坡素质评级认证"制度(Singapore Quality Class,简称SQC),如果评估获得至少400分(满分1000分),可获得由新加坡政府颁发的素质评级证书;如果获得700分或以上,可成为新加坡素质奖(SQA)候选人,再经现场评审确定是否获奖。该奖项是最高级别的国家奖项,颁发给建立了适合的管理体系和流程、取得全方位卓越绩效成果的机构。

力，培养师生全球化的技能和观念。

其次，工艺教育学院毕业生和成人学习者必须确保具备终身就业能力。这意味着，课程设计要有更大的灵活性，以及开发更多可即时获得的提供相关技能训练的短期课程，同时与行业合作，联合开展技能认证。

第三，提升工艺教育学院的全球影响力。这将通过与全球机构建立战略联盟和合作伙伴关系来实现，其目标不仅是要使师生的学习机会最大化，而且要让工艺教育学院的课程和服务走向世界，例如通过国际认证与咨询，强化工艺教育学院作为国际技术教育游戏规则变革者的存在。

第四，提高教师的能力和竞争力，使他们具备更高素质，能够为全球经济培养学生，能够开拓创新，树立职业与技术教育的新标杆，帮助学生习得适应全球化的技能和心态。给教师提供成长为课程专家或技术专家的机会，并实行以能力为导向的绩效管理体系。工艺教育学院还将利用科技中心，致力于开发适应产业需要的针对性课程，并加快推进教师参与企业合作及企业项目。

工艺教育学院实施的"创优战略计划"战略蓝图开始产生了一些轰动性的成果。

例如，基于"手到，脑到，心到"（Hands-on, Minds-on, Hearts-on）教育理念的整体学习，这一理念凝练了工艺教育学院独具特色的教育品牌。《技术教育创新改变生活——新加坡工艺教育学院的故事》一书中对此进行了精妙的描述：

> "'手到'使学生具备工作所需的知识和技能。'脑到'培养学生的创造性、独立思考和适应能力。'心到'培育'完整的'工艺教育学院学生，使他们具有正确的自我、他人和社会价值观，以及终身学习的热情。"

这个阶段，工艺教育学院开发了大量的新课程，以适应产业动态快速变化的需要。其中包括工艺教育学院的第一个针对性文凭课程"机械科技技术工程师文凭"，以及国家工艺教育局证书（Nitec）课程，例如游戏设计与开发、金融服务、幼儿教育、护理与急救、媒体与传播设计、建筑与空间设计。

八、"一制三院"管理模式

2005年建立的"一制三院"（One ITE System，Three Colleges）管理与教育模式，是工艺教育学院转型过程中的一个重要里程碑。根据这一架构，原10所小型工艺教育学院重组整合为三大区域性学院，并更名为"工艺教育学院"（ITE Colleges）[①]。为提高工艺教育学院教育的灵活性和创新性，每个学院都可以发展自己的针对性优势领域；工艺教育学院总部负责监管整体体系，以及证书、政策、品牌推广与人力资源，并确保质量标准。这一改革，更好地促进了跨学科学习，营造了更加充满活力的校园环境，且有助于整合资源。

更重要的是，这种"一制三院"的体制改变了人们对工艺教育学院的传统看法。工艺教育学院成为了一个拥有庞大校园的大联盟，而不是几个仅仅为当地民众服务的小型学院。这三大学院的校园设计和设施，可与海外顶尖的学院和大学相匹敌。人们走进任何一个学院校区，都会对先进齐备的设施和井然有序的组织留下深刻印象。这种变化不仅仅给来访参观者留下了美好印象，而且给工艺教育学院的师生带来了自豪与赞扬。

工艺教育学院第一个校区学院——东区学院于2005年开始运作，西区学院、中区学院分别于2010年和2013年开始运作。这些学院将整体全面发展，配备完整齐全的教学工作及生活设施，例如现代化的车间、实验室，潮流时尚的IT教室、体育运动与休闲中心。

工艺教育学院通过与知名行业巨头合作而获益良多。这些行业巨头如新加坡科技宇航公司[②]、欧特克（Autodesk）[③]亚洲公司、国际商业机器公司（IBM）、惠普、大众汽车、ABB（瑞典）、微软、医学教育技术公司（佛罗里达）、Toon Boom[④]（加拿大）、伦敦大学等。

在与行业合作开展联合认证、建立最先进的科技中心（CoTs）以及真实学习环境方面，工艺教育学院取得了显著的优势。工艺教育学院建立了工业自动化技术、商业与工程信息技术、工程教育技术、自动化与机器人、计量

---

① 在新加坡华文中，"ITE"称为"工艺教育学院"，"ITE Colleges"也称为"工艺教育学院"，因此在本书翻译过程中将"ITE"与"ITE College"均译为"工艺教育学院"，但其含义有细微差别，请读者在阅读过程中留意。
② 新加坡科技宇航公司（ST Aerospace），世界最大的飞机机身维修公司。
③ Autodesk，世界最大的二维、三维设计和工程软件公司，始建于1982年。
④ Toon Boom，加拿大一家专业动画软件公司，全称"Toon Boom Animation"。

与医疗等领域的科技中心。为日后推行基于真实工作环境的学习，建立了医疗仿真训练中心、美发与发型设计训练中心、邦恩咖啡师训练中心、西区学院酒店、西区"琥珀"实训餐厅、宇航训练中心、工艺教育学院—惠普应用生命周期管理（ALM）科技中心。这些训练中心提供了模拟真实工作环境的实践训练条件，因此毕业生不需要再培训就可以无缝对接到企业工作之中。

工艺教育学院的另一项显著成效，体现在促进教师能力发展及卓越组织方面。学院2007年提出实施"整体系统能力提升计划"（total system capability），通过企业实习与培训、知识交流、承担企业咨询项目等途径，力求提升教师在当前及新兴领域、跨学科领域的专业能力。明确提出教师"三级专业能力"：一级专业能力是"熟知"（Know），重点是掌握专业知识和技能；二级专业能力是"实操"（Do），具备承担企业项目或咨询工作的能力；三级专业能力是"引领"（Lead），能开发专门技术并在工作中起引领带头作用。

工艺教育学院的教师参与完成了一些值得点赞的项目，例如"木偶机器人手套系统""绿色能源移动办公室与学校"、交互式诊断性评价学习（iDe'Lite，工艺教育学院注册商标）。后者是一个为技能训练服务的教学工具，它将高效的视频技术融入技能训练教学方法，引起了业内人士的浓厚兴趣，被评为美国社区学院创新联盟"2009年度创新"之一。

此外，工艺教育学院为政府与政府之间的合作项目提供咨询服务。例如，为"越南—新加坡工业园"建立"越南—新加坡技术培训中心"，在马尔卡、约旦建立"区域职业培训中心"，以及为印度尼西亚的巴淡理工学院组建专门的职业培训部门。2003年成立的一个咨询部门——"工艺教育学院教育服务公司"在其中扮演了关键角色，通过提供与分享专业意见，将工艺教育学院的品牌推向了国际。

最后且同样重要的一点是，全球合作伙伴关系使学生能够参与工艺教育学院的全球教育项目，通过交换生、游学、企业实习、社区服务、文体项目等方式，为他们提供了更为广阔的国际视野。工艺教育学院的学生还勇于面对挑战，努力拼搏，参加国际国内的技能和文体大赛不断提升自己。他们收获大量的奖项、奖牌和荣誉，进一步鼓舞了士气，提升了工艺教育学院的形象。

为了进一步增强在国际舞台上的地位，工艺教育学院于2006年、2009

年两次主办了"国际职业与技术教育大会",分享交流职业与技术教育的发展趋势和最佳实践范式。在这个阶段,工艺教育学院还推出了第三届品牌推广活动——"会思考的手创造成功",决心彻底扭转大众对工艺教育学院和技术教育还仍然存在的一些偏见,树立"会思考的实干家"和"有前途的青年才俊"的学生形象定位。紧接着又推出"我们让你闪耀"活动,重点宣传工艺教育学院教育的成果和成功,鼓励人们把它作为一个走向成功的可行选择。

工艺教育学院取得了杰出成就,"创优战略计划"结出了累累硕果,赢得了广泛赞誉。在国内,时任教育部长尚达曼(Shanmugaratnam)[1]先生接受《海峡时报》专访,称赞工艺教育学院是"新加坡教育体系的一颗明珠"。

世界银行研究报告指出,"通过把自己建设成为一个中学后教育机构,工艺教育学院已经取得了显著突破。它有效地完成了重建,从之前的'职业'学院转型为一流的大专教育学府。工艺教育学院赋予技能型职业一种崭新的社会及经济价值,为毕业生创造了可以谋生的职业"。在世界银行"面向非洲持续增长的教育与培训领导者研讨会"上,工艺教育学院进行了经验分享,进一步增强了在职业与技术教育方面的世界影响力。

2007年9月,新加坡获得"IBM全球政府创意施政奖"[2],锦上添花。

---

[1] 尚达曼(Tharman Shanmugaratnam),1958年出生于新加坡,印度裔新加坡人。毕业于新加坡英华学校,拥有英国伦敦经济与政治学院荣誉学士学位、剑桥大学经济学哲学学士学位、哈佛大学肯尼迪行政管理学院公共行政硕士学位。先后担任过新加坡金融管理局总裁、国会议员、贸工部政务部长兼教育部政务部长(2001年)、代教育部长(2003年)、教育部长(2004年)、教育部长兼第二财政部长(2006年)、财政部长兼教育部长(2007年)、副总理兼财政部长和教育部长(2011年)。

[2] "政府创意施政奖"(Innovations Award in Transforming Government)由美国哈佛大学肯尼迪政府学院(Harvard University's John F. Kennedy School of Government)属下的艾什民主治理与创新中心(Ash Center for Democratic Governance and Innovation)首办,国际商业机器公司(IBM)赞助。2007年,新加坡击败全球30个国家的100个政府项目而获奖,获奖项目是《10年革新工艺教育之路》。根据有关介绍,该项目获奖是因为其10年革新之路的卓越创意、成效、意义和可转移性等特点。李显龙总理致贺时说:"我们为工艺教育局的成就感到骄傲。工艺教育局成功发展出一套独特的教育模式,让学生拥有一双'会思考的手',在技术专业上有出色表现。具有世界级一流水平的工艺教育系统能全面发挥新加坡每一个人的潜能,让每个人都能为新加坡的成长和进步贡献力量。工艺教育局的师生努力实现了这个理想。获得这项国际大奖,标志了他们的成功,以及国际社会对他们的认同。"(参见:联合早报《新加坡:职业教育10年成绩斐然,获哈佛大学赏识》,2008年2月2日。)

该奖项由美国哈佛大学约翰·F.肯尼迪政府学院的艾什民主治理与创新中心颁发。它认为，工艺教育学院推动新加坡职业与技术教育转型，是"世界最具变革性的政府项目"，"对市民生活产生了深远的影响"，并称之为可以向全球推广的"典型范式"。

九、第四阶段：工艺教育学院"创新战略计划"（2010—2014）

工艺教育学院"创新战略计划"（ITE Innovate）的愿景目标是成为公认的"技术教育创新的全球领导者"。成为这样一个领导者即意味着，工艺教育学院能够引领职业与技术教育发展，富于革新精神，建立新的标杆，并区别于其他机构。

"创新战略计划"指出，随着日益明显的世界无界化趋势，以及由此而带来的挑战和机遇，面对不断发展进步、技艺娴熟而有头脑的年轻人，工艺教育学院要保持领先、立于潮头，必须"重新定义和彻底改造教育方式、教学环境和学生参与模式"，包括改进继续教育与培训，以充分满足产业需求，提高学习者的就业能力。

其次，"创新战略计划"重点关注深化和拓宽企业及全球合作。这样的紧密合作将促进创新，确保工艺教育学院课程的产业相关性，推动学院致力于为学生提供真实学习环境、真实企业项目及应用。

最后，"创新战略计划"将提升工艺教育学院的卓越创新能力。实现这一目标的策略是通过改进关键系统、管理流程和服务质量，提升组织能力并促进广大教师最大限度发挥潜能。

到这一阶段结束，工艺教育学院课程总数达到101个，与其较低的起点相比，实现了数量上的飞跃。除了持续开发新课程以跟上产业及人力需求的步伐，2014年1月，学院实行新的"职业群框架"（CCF）。随着经济的快速发展，仅仅面向单一职业培养学生的做法可能很快就会被淘汰。反之，"职业群框架"面向相关职业群进行训练，使学生在同类行业中具有可替代的专长。这是工艺教育学院面对就业市场，在学生培养方式上的又一个根本性转变。

对于在"N"水准考试中最多只通过了两科的普通（工艺）源流学生，

为了帮助他们能够适应工艺教育学院的学习，2014年1月，学院试行三年制"国家工艺教育局证书基础强化课程"（e-NFP）。在该课程中，课程被分解成更小、更可控的单元模块，并辅以学术基础课程，以提高学生的文化水平和计算技能。

对于成人学习者，2012年1月，工艺教育学院推出增强版、更灵活的"继续教育与培训技能资格框架"，课程更简化，课时更短，使学习者在短短一年半之内就可以获得技能资格，而不是需要三年。与推动新加坡成为学习型国家的要求一致，工艺教育学院运用新的方法，为大量专业人士和管理人员的个人发展与自我充实提供令人振奋的机会，而且基于行业的学习得到延伸。

到2014年末，工艺教育学院已经与业界及全球伙伴签署了100余份合作协议（MOU）。现仅举几例合作单位如下：劳斯莱斯、滨海湾金沙酒店、霍姆斯格兰理工学院、欧莱雅、圣淘沙名胜世界、欧洲直升机公司、奥多比（Adobe）、日本横河工程公司、博世力士乐、华为国际、麦当劳餐厅、韩国理工学院、丹麦奥尔堡理工学院和德国葛平根商业学校。这些合作提高了工艺教育学院在职业与技术教育方面的全球地位，并为师生提供了很多真实学习环境和发展机会。基于这些合作关系网，工艺教育学院推出"全球教育课程"，每届学生参加海外交流计划、企业实习、社区服务、文体活动的比例空前之高，达到33%。

"创新战略计划"期间，工艺教育学院每年接待世界各地海外嘉宾来访1000余人次，其中有总统、皇室、部长和高级政府官员，以及一些知名机构的代表，与他们交流分享职业与技术教育的经验。

工艺教育学院还与越南、柬埔寨、菲律宾和印度等国家合作，提供面向专门职业的师资培训课程（Train-the-Trainer），以及教学法、领导能力及其他定制培训课程。这些课程不仅面向教师，也面向行政管理人员和学院领导。工艺教育学院的附属机构"工艺教育学院教育服务公司"，还为尼日利亚阿布贾建立"示范性技能培训中心"、为印度建立"世界级技能发展中心"提供专业的咨询意见。

工艺教育学院继续实施"整体系统能力提升计划"，以提升广大教师的专业能力。2013年度，92%的教师达到二级"实操"（Do）或三级"引领"（Lead）的专业能力，能够参与企业项目及咨询项目，比6年前的

2007年该计划刚开始实施时提高了54个百分点。此外，2010年8月，工艺教育学院开始实施"REAL^①领导能力学习系列"课程，旨在通过学习企业主管和领导的经验与见解，培养工艺教育学院教师的领导能力。2013年，工艺教育学院研究院（ITE Academy）成立，进一步加强了学院核心价值观的培育和发展，以及学院教师及合作伙伴的职业与技术教育能力培养。

2011年学院举办的首届"工艺教育学院嘉年华"活动，也从侧面体现了"创新战略计划"。"嘉年华"活动已成为年度盛事，其目的是向中学生、家长和公众展示工艺教育学院的设施、教师和学生的能力，凸显在这里学习可获得的大量机会。通过每年举办的大量活动，工艺教育学院走进了社区。这些活动包括（仅举几例）免费美容、理发、老人健康检查，以及空调维修、计算机维修、舞蹈、烹调等免费课程，还有网络游戏、插花艺术等。

2013年5月，工艺教育学院建立"迷你商城"（ITE Epitome），其教学训练和商业交易的设施位于中区学院。这种模式在高等学校中尚属首创。"迷你商城"能提供基于专业课程的产品和服务，例如理发、时装、眼视光服务，以及学院自己的熟食店咖啡馆制作的点心和咖啡。豪雅眼镜（Hoya Lens）、琴叶集团（Jean Yip Group）等知名品牌也助一臂之力，在"迷你商城"里建立商店，指导和培训学生。由于"迷你商城"向公众开放，学生与真实顾客打交道，使学生在校内也可获得真实工作经验。

工艺教育学院的学生在国际国内大赛中继续大放异彩，在"东盟技能大赛""世界技能大赛"等本地及世界级赛事中屡获奖牌。新加坡代表队（包括理工学院和工艺教育学院的学生）在2011年"世界技能大赛"中已有最佳表现，在51个参赛国家中名列第6名；2013年他们仍然表现优异，获第7名。

追求组织卓越与创新的不懈努力和担当，使工艺教育学院获得许多荣誉和奖励，包括各类人力资源和最佳雇主奖，还有公共服务总理奖（颁发给公共部门中的卓越组织），工艺教育学院是第一家、也是唯一一家获得公共服务总理奖的教育机构。另一项殊荣是，2011年工艺教育学院成为第一家获"新加坡素质奖特别奖"的教育机构，这是对其组织体系和管理流程的高度认可。2011年3月，工艺教育学院被《经济学人》杂志评为新加

---

① "REAL"是"resource allocation"的缩写，直译即"资源分配"。

坡教育奇迹的典型。联合国经济合作与发展组织在《教育界的佼佼者和成功改革者：来自美国 2010 PISA[①]的经验》评价报告中指出，工艺教育学院是世界公认的技术教育的全球领导者。

"创新战略计划"期间，工艺教育学院还开展了"相信自己"品牌推广活动。

十、工艺教育学院"开拓者战略计划"（2015—2019）

2015 年 2 月，工艺教育学院宣布实施最后一个战略蓝图，即"开拓者战略计划"（ITE Trailblazer），这是对下一阶段新加坡建设先进经济社会的战略应对。这个蓝图主要是根据两个专门委员会的建议而制定的，其中一个委员会负责检讨理工学院和工艺教育学院的教育，及其毕业生的职业及学术发展前景；另一个是"劳资政"三方委员会负责制订和实施培训计划，确保形成一个面向所有新加坡人民、集就业前和就业后学习于一体的完整体系。

"开拓者战略计划"推出之际，正是处于《理工学院及工艺教育学院应用学习教育检讨报告书》引起人们争论和讨论以及"技能创前程委员会"成立之后（参看第九章）。这场争论的焦点是，教育应该如何发展以及人们需要怎样改变观念。因此毫不奇怪的是，它与"技能创前程计划"是相一致的。工艺教育学院下一个五年计划，将开辟作为"职业与技术教育开拓者"的新天地，实现职业技能培训模式由目前面向"具体职业岗位"（trade-specific）向"职业发展导向"（career-oriented）转变的预期目标。

"开拓者战略计划"有两个关键要素，一是开拓创新，为毕业生开辟新的通道，帮助他们在职业生涯发展及生活中取得成功，即使面对不确定的未来也能如此；二是转变重心，从"单一职业技能"（skills-for-a-trade）转变为"职业生涯技能"（skills-for-careers）。这就意味着，工艺教育学院

[①] PISA，即"国际学生能力测试"（Programme for International Student Assessment），是由联合国经济合作与发展组织（OECD）实施，旨在考查学生学习成就的国际学生比较评估项目，1997 年正式启动。PISA 是动态的评价体系，每 3 年选择一个主题，每 9 年完成一个周期，迄今为止参加的国家已达 60 余个。

必须培养学生具备全面深厚的技术技能基础，并通过实习提升和精通技能，培养实际工作技能。

根据"开拓者战略计划"，工艺教育学院将实施以下4个关键策略：

1. 动态课程与自我适应

工艺教育学院将根据行业变化和国家经济发展，自我适应和转变学习环境与课程，使毕业生能够掌握专门技能，以适应行业的变化。创建基于职业发展的技术教育新范式。学生将会得到很多新的发展通道和提升机会，新推出的企业"在职培训计划"使学生即使在毕业以后，也可以掌握精专技能。通过加强有益的生活技能和职业道德教育，工艺教育学院的学生将具有深厚的核心技能基础和面向21世纪的能力。

2. 生动教学与有效学习

为适应走向终身学习的文化，工艺教育学院将采取新的教学方式，包括更大力度地融入信息通信技术，以及针对不同学科的教学需要改造学习空间和教学方法。不管校内还是校外，学生将拥有更多的基于真实环境、更加灵活和自主学习的机会，使他们能够为全球经济发展做出有效贡献而做好准备。

3. 提供全面的教育体验

工艺教育学院将为学生提供丰富多样的学习体验，包括多样化的个人发展和增益课程、强化职业辅导的组织平台、获得更大的学习支持。通过这些学习体验，学生能够发掘自身的天赋和兴趣，看到自己的全部潜能和新的成功通道，预期到各种职业可能，积极参与有益于社会的活动。培养全面发展的学生，目的在于让雇主赏识工艺教育学院教育的价值，从而乐意为毕业生的精湛技能提供高出普通水平的工资。

4. 战略合作与师资培养

工艺教育学院将建立产学合作新模式。积极而坚定的雇主、全球合作伙伴、社区和校友都将站在同一阵线，以更强的主人翁意识去共同培养学生，增进学生在课堂学习之外的发展。与产业及全球院校的紧密共生合作关系已经成为工艺教育学院的独特标志，必将继续确保学院与产业的紧密联系和毕业生高就业能力。这样的合作还培养了教师，促进他们激情迸发，钻研精深技能。

前面实施的四个战略规划跨越20年（1995—2014年），可以说是新加坡技术与职业教育及培训总体转型的基础设计,实现了从一个卑微、最后的选择到广为接受、广受好评的华丽转身,并为人们的继续提升和职业生涯发展提供机会。2014—2015年国家推出的"技能创前程计划"将更加凸显和强化这一点。技术与职业教育及培训已经长大成人,成为中学后教育、业界合作和国民意识中令人尊敬的一部分。

这四个战略规划各自独立而又构成一个连续的整体。一开始,没有人预料到它能够成功。但是,政府领导的远见卓识、一以贯之的高效执行、业界伙伴的鼎力支持,对我们走向成功起到了决定性作用。

工艺教育学院在转型过程之中,是如何赢得全体教师及行政教辅人员支持的呢?

十一、工艺教育学院转型背后的价值观

工艺教育学院的使命、愿景和价值观,为学院实现四阶段转型与超越写下了浓墨重彩的一笔。它集中体现了工艺教育学院的精神与担当,被称为"跳动的心脏",传递了满足学生、业界和社会需要的最好的教育价值观。

工艺教育学院(ITE)的价值观在此值得特别提及,它被巧妙地表述为"ITE Care",含义是:

- Integrity(诚信)——对待他人的言行举止真诚;
- Teamwork(团队精神)——互相帮助,依靠团队去实现工作目标;
- Excellence(卓越)——追求完美,为客户及利益相关者增加价值;
- Care(关爱社会)——关爱员工、客户、利益相关者、社会及环境。

"ITE Care"价值观是在征求广大教师意见的基础上而形成的,什么是支撑工艺教育学院组织文化的最重要价值观,大家各自发表看法。老师们还注意到,"ITE Care"有助于吸引热心的业界人士加入学院并留住他们。"ITE Care"被称道为工艺教育学院在技术与职业教育方面的品牌特质。

用工艺教育学院院长刘桑成先生的话说,……"ITE Care"文化至关重要。来我们这里的学生,觉得自己是失败者,没什么自尊心,对未来感到渺茫。工艺教育学院的老师要支持和鼓励他们,理解他们的

需求并提供帮助。衡量工艺教育学院是否成功，不只是看我们的管理人员和老师做了些什么，而是毕业生的成功。

十二、形象塑造：工艺教育学院获得新生

工艺教育学院成功获得新生的一个关键因素是在公众心目中的形象转变。前面我们已经谈到这一点。然而，工艺教育学院重塑品牌、重新定位所走过的旅程，值得我们深入探讨。

正如前面所说，职业与工业训练局以及后来的工艺教育学院当初曾被一些根深蒂固的社会偏见所困扰，例如学生倾向于走学术途径、关于工艺教育学院的信息鸿沟，以及对技术教育与培训的错误观念等。因此，获得公众认可、提高学院声誉，是工艺教育学院面临的一项艰巨任务。学院实施有胆有识、规模空前的品牌重塑战略，前后跨越达10余年之久，彻底转变了公众印象，并从战略和战术层面形成了信息沟通、市场推广和品牌再造的完整体系。

战略举措包括开展有创意的品牌宣传活动、积极的媒体参与及公关推广活动，战术策略包括与主要利益相关者广泛直接接触，引导和改变他们的观念，使他们认识到工艺教育学院在新加坡教育版图中的积极贡献。

首先，工艺教育学院必须明确主要目标群体，更好地了解他们的认知，以及如何以最好的方式去接触他们。因此，学院通过进行专题小组访谈，开始广泛收集数据信息，继而通过一家独立调查公司——尼尔森（新加坡）公司开展调查。这项研究的启动带来了工艺教育学院1998年第一届公众品牌推广活动。当时，如此有创意的品牌推广活动还没有哪一家公共教育机构曾经涉足过。随后，工艺教育学院分别为期三年的六次品牌推广活动就铺开了，每次活动的主题都与当时的战略规划蓝图相呼应，并委托专业机构，通过报纸、海报、巴士和火车等广告媒介进行宣传。

这些品牌推广活动的处女秀于1998—2000年举行——"工艺教育学院让梦想成真"，其重点是让人们领略技术技能及其对日常生活的重要性。此次活动从宣传视觉效果上看很有科学、技术的感觉。2001—2003年举行的第二届品牌推广活动"工艺教育学院——知识经济背后的力量"，其宣传视觉效果展示了新加坡重点增长的产业，以及工艺教育学院与产业的相

关度及其做出的贡献。紧接着，2004—2006年开展的"会思考的手创造成功"品牌推广活动，其目的是描绘工艺教育学院学生作为"会思考的实干家"的独特形象，宣传视觉效果上注重展示自信、有抱负的青年才俊，他们接受工艺教育学院"手到、心到、脑到"的教育洗礼，奔向成功。

"我们让你闪耀"品牌推广活动（2007—2009年）把工艺教育学院定位为走向成功的另一种选择。此次推广活动把已经在自己领地取得成功的毕业生作为生动的案例，其宣传视觉效果聚焦在毕业生鼓舞人心的远大抱负和渴望上。通过本次活动向公众传达的讯息是，工艺教育学院造就了学生最佳的创造性和创新精神，使他们充满自信、热情洋溢，能够在全球经济中占有一席之地。

第五届品牌推广活动"相信自己"（2010—2012年）旨在宣传提升工艺教育学院学生的形象，重点是展示他们的能力和价值观。此次推广活动在视觉效果展示了学生的活力与自信，描绘出毕业生接受工艺教育学院教育后进军全球市场的形象。

最后一届品牌推广活动"为进军世界做好准备"（2013—2015年）强化了工艺教育学院毕业生的形象，他们身怀技能、拥有才华，准备让世界为之倾倒。此次推广活动在视觉效果展示出，学生在各自的行业领域激情迸发、充满自信、干劲十足，准备着迎接世界带给他们的挑战。

通过与学生、老师、家长、政界领导以及社区的广泛接触，上述品牌推广活动得到了各方面的大力支持。例如，就国内外的政界领导而言，这些活动不仅向他们展示了学生接受的优质教育，而且得到了积极正面的媒体报道。总理、副总理和主要部长们对这些活动给予了政治上的大力支持，提升了工艺教育学院在本土的声誉。

工艺教育学院举行"面对面推介活动"，与中学及老师积极互动，并专门针对家长开展一些活动。例如：建立"职业服务中心"，以及面向中学老师和实习教师推出"发现工艺教育学院"活动；邀请家长参加用英语、华语、马来语三种语言进行的交流研讨会，使他们更好地了解工艺教育学院的教育品牌，参观孩子即将要享受到的学习环境。

工艺教育学院宣传推广工作的另一个重点是，面向各中学的未来潜在学生进行年度宣讲活动。针对中学二年级和三年级学生，学院举办为期两天的"体验工艺教育学院"创新营，让他们感受工艺教育学院的教育，以及学院在经济社会发展中的重要作用。创新营通过综合模拟学习系统，让学生充分接触一系列真实世界中需要的动手、办公和服务技能。市场推广活动也定期举办，例如校园开放日、巡回展出，以及最近的工艺教育学院"嘉年华"活动。最后且同样重要的一点是，工艺教育学院学生参与国际国内技能大赛，比如"新加坡世界技能大赛""国际世界技能大赛"，然后宣传他们在这些赛事中取得的成绩，向公众展示学生已经摆在台面上的才能和价值。

近年来，工艺教育学院通过开展各种活动，与媒体记者建立良好关系，提供及时和有新闻价值的故事，并有效运用方言媒介，让媒体易于接近，每年的积极正面报道高达2000次。

工艺教育学院各校区竞相开展公众认知调查，因而能够衡量评估公众认知的转变，明确差距及需要改进之处，以进一步改善形象。转变公众认知的这一过程虽然进展比较缓慢，但确定无疑的是，工艺教育学院的公众形象在持续积极向好。这一点，可以用品牌价值跟踪模型，即"品牌价值指数"（BEI）来评价，其中包括16项形象特征指标。

按照刘桑成博士的话说，"工艺教育学院形象的彻底转变，归功于三大里程碑事件的合力——第一个区域性大型校区在东区学院揭幕；李显龙总理在2005年国庆节演讲，使工艺教育学院'手到、脑到、心到'教育理念得到公众认可；工艺教育学院2005年获'新加坡素质奖'"。

2012年度，工艺教育学院的"品牌价值指数"为70%，与1997年的基数34%相比得到了大幅提升。15年之内提高106%，这是一项了不起的令人赞叹的成就。很多"目标人群反应组"的指数也普遍提高。例如，家长组为76%（1997年为20%），普通公众组为62%（1999年为23%）。因此，工艺教育学院有理由相信，雇主会赏识学院的教育价值，乐意为毕业生的精湛技能提供高出普通水平的工资。即使是在10年前，这也是不容易做到的事情。

工艺教育学院的转型继而整个技术与职业教育及培训事业的转型，对所有国家和经济体的发展具有至关重要的作用。随着世界对基于知识的技能（knowledge-based skills）逐渐重视，并支付薪资而不是仅仅停留于理论认同，基于技能的教育（skills-based education）在未来将成为溢价稀缺资源。这是新加坡以及其他一些国家正在形成的教育新思维。

然而，很多新兴的亚洲国家和发达国家，追求一纸文凭的观念根深蒂固。因此，本章讲述的技术与职业教育及培训的转型经历，为决策者和教育发展规划者留下了诸多经验与教训。技术与职业教育及培训转型成为中学后教育的一种选择,学生得到老师的高度珍视、毕业生得到雇主的倍加看重,新加坡所走过的道路确实值得深入地研究。

图 6.1　工艺教育学院举办第一届全国技能大赛(1994 年)

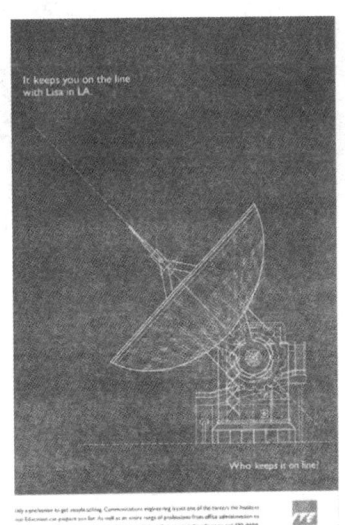

第一阶段　　　　　　　　　第二阶段

图 6.2　第一届品牌推广活动(1998—2000 年):工艺教育学院——让梦想成真

第一阶段　　　　　　　第二阶段　　　　　　　第三阶段

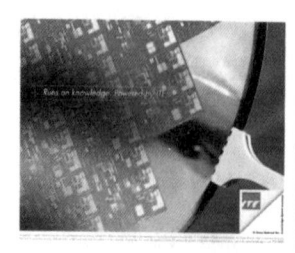

图 6.3　第二届品牌推广活动（2001—2004 年）：
　　　　工艺教育学院——知识经济背后的力量

第一阶段　　　　　　　第二阶段　　　　　　　第三阶段

图 6.4　工艺教育学院第三届品牌推广活动（2004—2007 年）：
　　　　会思考的手创造成功

第一阶段　　　　　　　　　　第二阶段

图 6.5　工艺教育学院第四届品牌推广活动（2008—2009 年）：我们让你闪耀

第一阶段　　　　　第二阶段　　　　　第三阶段

图 6.6　工艺教育学院第五届品牌推广活动（2010—2012 年）：相信自己

106　新加坡职业技术教育五十年

第一阶段　　　　　　　第二阶段

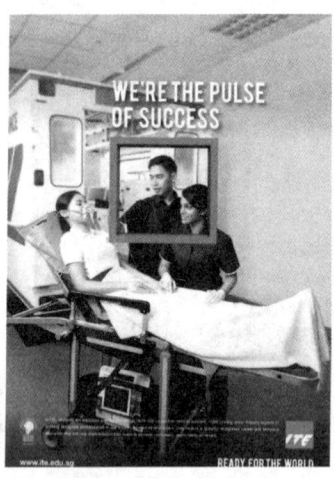

图 6.7　工艺教育学院第六届品牌推广活动（2013—2015 年）：为世界做好准备

图 6.8　2006 年，工艺教育学院第一个校区学院——
　　　　东区学院在四美路（Simei Avenue）揭幕

图 6.9　2010 年，工艺教育学院西区学院在蔡厝港林（Choa Chu Kang Grove）揭幕

图 6.10　2013 年，工艺教育学院总部揭幕

图 6.11　2013 年，工艺教育学院中区学院揭幕

图 6.12　2007 年，工艺教育学院获艾什民主治理与创新中心颁发的"IBM—政府创意施政奖"

第六章　职业技术教育转型之路　109

图 6.13　工艺教育学院推进第二轮和第三轮转型——
突破战略计划（2000—2004 年）和创优战略计划（2005—2009 年）

图 6.14　工艺教育学院推进第四轮和第五轮转型——创新战略计划（2010—2014 年）和开拓者战略计划（2015—2019 年）

第七章

劳工运动与工人提升

大事年纪
1982 年　发起"基础教育技能培训计划"（BEST）
1987 年　开办"中等教育促进工人提升计划"（WISE）培训班
1982 年　成立全国职工总会计算机培训中心
1997 年　实施"技能再发展计划"（SRP）
1997/1998 年　亚洲金融危机
2000 年　建立国家技能认证体系
2001 年　政府建立终身学习基金
2003 年　成立劳动力发展局（WDA）
2004 年　成立"全国职工总会学习中心私营有限公司"
2007 年　开展职业与技术培训，提升蓝领工人的技能
2007 年　全球金融危机爆发
2008 年　成立"就业与职能培训中心"（e2i）
2008 年　实施"技能升级与更新计划"（SPUR）
2013 年　全国职工总会学习中心培训工人 100 万余人
2015 年　全国职工总会学习中心培训工人 170 万余人

在谈及正规的职前教育时，人们不应该忽视新加坡的工会运动，它通过开展基础教育和技能提升培训，在促进工人提升方面起到了关键作用。工会运动主要接受全国职工总会（NTUC）的领导，它能够创造大规模工人升级所需要的规模经济效应，并利用其政府背景提供财政支持，即使在面对几次经济衰退，特别是 2007—2009 年全球金融危机的时候，也是

如此。

在职业与技术教育早期，全国职工总会就作为代表，参加各个政府培训机构的董事会和咨询委员会，包括理工学院、工艺教育学院及其前身工业与职业训练局。这使工人代表对正式培训体系、技能认证与职业资格的概貌有所了解。然而，他们更重要的任务是，确保全国职工总会及各分工会成员的终身就业能力。

一、基础成人教育

在殖民统治时期和国家刚刚独立之时，新加坡的产业工人几乎没有接受过教育，20世纪70年代和80年代，这些遗留问题使产业工人深受其苦。他们缺乏使国家经济结构调整计划取得成功所必需的教育和技能。在高工资经济的重构过程中，自动化和电脑化机械设备系统的操作和维护，需要有受过良好教育的熟练工人。然而，1980年，70%的工人最高仅达到小学教育程度，约17%的职业和技术工人具有小学学历或没有学历。

工人需要具备基础文化知识和计算能力，才能理解机器设备的语言和操作。为了满足那些错失基础教育机会的工人的需要，全国职工总会和职业与工业训练局合作，于1983年实施"基础教育技能培训"计划。该计划为没有完成小学教育的工人而设计，帮助他们熟练掌握小学六年级水平的英语和数学，这在当时是进入职业学院接受技能训练的最低要求。"中等教育促进工人提升"培训班于1987年开课，为那些已经完成"基础教育技能培训"的工人，提供自我提升并达到普通教育考试"N"水准学历的通道。

"基础教育技能培训"和"中等教育促进工人提升培训"，在公司、夜校和工会教育中心上课。1983年到2004年之间，这两项计划的培训学额总数达到了859600个。其中，全国职工总会培训中心提供310883个学额，略超过三分之一。

二、计算机知识与技能培训

1982年，全国职工总会建立了第一个培训中心——计算机培训中心，给工人提供计算机应用的基础培训，例如文档处理和电子表格。在很多商业和工业工作中，这些技能已迅速成为必备要求，工人需要加强学习、迅速赶上，以保住工作，否则就会被素质更高的年轻一代工人所取代。这些年来，全国职工总会已经成为最大的基础计算机课程的提供者之一。1982年到2004年之间，全国职工总会计算机培训中心提供了超过30万个培训学额。这些中心给工会成员提供培训津贴和补助名额。

三、工会会员生产率教育

20世纪80年代，全国职工总会高度重视对工会会员进行生产率的理念与实践培训。培训课程的设计，主要是面向基层工会会员和主管劳资关系的官员，使他们更好地理解生产率的概念和基本要素。这些培训课程充分考虑到工会会员的生产率观念，以取得他们的支持，这对于课程的成功实施是必不可少的。培训课程的主题涵盖了团队合作与团队建设、工作动机激励、决策能力、生产率发展中工会领导的角色、解决问题能力、工人参与、小组活动和劳资关系；后来，还加入了包括诸如ISO9000、生产率评测（例如经济附加值[EVA]）研习班等主题。关于经济附加值方面的培训是必不可少的，因为工会会员需要了解，生产率不再仅仅是少投入高产出的问题，而是涉及全要素生产率和生产过程中劳动增加值的问题。全国职工总会组织工会会员去成功的企业参观，并出版了相关书籍，展示和分享品管圈（QCC）和井场信息传输规范（WIT）等成功理念。这些培训还鼓励全国职工总会在劳资集体协议中纳入含有某种形式的生产率承诺方面的条款。

四、全国职工总会学习中心

2004年，计算机培训中心实行企业化运作，成为"全国职工总会学习中心私营有限公司"，其任务是提升新加坡劳动力的终身就业能力，提供高质量、创新性和负担得起的培训。全国职工总会学习中心提供的课程包括信息通信技术、IT专业证书、软技能与文化、工作环境安全与健康、就业技能体系、客户服务培训、贸易、保洁、劳动力技能认证（WSQ）和制造技能。

到目前为止，全国职工总会学习中心已经培训了170万余名企业主管和在职成人，而且与1万余家公司合作，发掘培训需求、制订课程计划、提供最新培训课程。全国职工总会学习中心进一步发展壮大，以满足新加坡人民迅猛增长的培训需求，持续跟上不断变化的商业经济的步伐。

五、2008年全球金融危机

最近的这次金融危机——其影响至今在全世界仍然能感觉到——是一个很好的研究案例，即劳工运动在全国职工总会的领导和政府支持下，如何开发再培训计划，以应对金融危机、减轻失业和经济结构调整的影响。受到金融危机冲击的主要是专业人士、经理、管理人员和技术人员，统称"PMET"[①]。

正如时任全国职工总会秘书长林瑞生（Lim Swee Say）[②]先生所说，"这是70年来最严重的全球经济衰退，看起来给工人带来了最沉重的打击。国际劳工组织（ILO）预计，全世界多达6100万工人将失业，使世界平均失业率超过6.5%。"

高度开放的新加坡经济未能幸免。2009年第一季度，新加坡的经济萎缩了9.4%；被裁掉的工人数创纪录地达到1.09万，仅仅三个月失业率就从2.5%飙升至3.3%。2009年其他三个季度的前景黯淡。第一年经济萎缩预计会高达9%甚至更高。令人深感忧虑的是，工人裁员人数将超过之前那次经济大衰退的纪录（1997—1998年亚洲金融危机期间裁减工人2.9万人），而且季度失业率将超过2003年"非典"（SARS）疫情期间4.8%的纪录。

高失业[③]和全球市场动荡，似乎是2010年后危机时代的"新常态"。为了减轻这种影响，新加坡的雇主、劳工和政府三方联盟机制面临着最严峻的挑战。全国职工总会一直认为并主张，应该培养更多具备发展型技能的工人，使他们能够抓住因长期的经济结构性调整而带来的未来就业机会。1997年，全国职工总会推出"技能再发展计划"，给工人，特别是那些年

[①] PMET，即Professionals（专业人士）、Managers（经理）、Executives（管理人员）、Technicians（技术人员）。

[②] 林瑞生（Lim Swee Say），1954年出生于新加坡，1991年获美国斯坦福大学管理硕士学位。曾先后担任新加坡经济发展局首席执行官（20世纪90年代）、国会议员（1996—2006年）、贸工部政务部长（1999年）、环境部长（2001年）、总理公署部长兼第二国家发展部长（2004年）、全国职工总会秘书长（2007年）。

[③] 原文"high employment"（高就业）似有误，应为"high unemployment"（高失业）。

龄较大、技能不熟练和教育程度较低的工人，提供可迁移、获得行业和国家认证的技能。

1997年推出的"技能再发展计划"（SRP）为大约1500名普通工人提供了技能认证培训。"技能再发展计划"主要用于补助企业员工因参加培训而产生的缺勤工资，因为技能发展基金（SDF）可以支付员工的课程学费。企业、工会和工人对此反响热烈，1998年新加坡遭受亚洲金融危机冲击时，"技能再发展计划"甚至更加加快了步伐。

一年以后，"技能再发展计划"得到一笔重大资金资助。时任总理吴作栋（Goh Chok Tong）在劳动节"五一集会"上的演讲中，对"劳资政"三方宣布，政府拨款5000万新元支持该计划。紧接着，劳资政三方和国家采取一系列重大举措，把"技能再发展计划"提升到国家项目的高度。这些重大举措包括：1998年，劳工部转型为人力部；2000年，建立"国家技能认证体系"（NSRS）；2001年，建立数十亿美元的"终身学习基金"；2003年，成立劳动力发展局（WDA），牵头开展工人继续教育与培训；2004年，建立"就业技能体系"；改造"国家技能认证体系"，实行"劳动力技能认证"（WSQ）制度；2005年，推出"再就业计划"；2008年，成立"就业与职能培训中心"。

2001年，全国职工总会推出一项具有深远影响和重大创新的举措。按照"技能再发展计划"，员工只能通过雇主的资助接受他们当前所从事行业的技能培训。因此，夕阳产业的工人在自我提升方面就得不到帮助，无法从事新产业的新工作。这样，2001年10月全国职工总会推出了"全国职工总会雇主代理计划"（NTUC-SEP），帮助全国职工总会的工会成员，承担起为那些没有雇主支持的员工提升技能的责任。全国职工总会作为代理雇主（SE），协助受雇的工会员工获得技能发展基金的支持，这突破了"技能再发展计划"其中一个规则的限制。

随着这些调整陆续到位，2009年新加坡受到全球经济衰退的冲击时，关于终身学习和增强就业能力的国家基本建设已经大部就绪，为采取行动迎接最严峻考验做好了充分准备。

为减轻金融危机对就业的影响，政府动用财政储备金，实行205亿新元的一揽子经济刺激计划。其中包括：45亿新元的就业信贷工资补贴计划，鼓励企业留住本地工人；6.5亿新元的"技能升级与更新计划"

（SPUR），在经济低迷时期培训和提升工人。

"技能升级与更新计划"认可的课程包括：经批准设立的培训机构的所有"劳动力技能认证"课程，例如人力资源、健康护理、精密工程、航空航天、信息与通信技术；工艺教育学院面向成人的国家工艺教育局证书和高级国家工艺教育局证书课程，例如信息技术证书和电子工程高级证书课程；理工学院面向成人的文凭、高级文凭和专业文凭课程，例如技术文凭、艺术与项目管理专业文凭、程序控制与仪表高级文凭。

六、就业技能体系

2004年，新加坡劳动力发展局建立"就业技能体系"（ESS），它是一系列通用的就业技能。这些基础技能可以在所有行业中迁移，目的在于帮助工人适应新的工作需求和不断变化的工作环境，为职业生涯发展创造机会。"就业技能体系"包括定制的培训课程，确保培训具有工作相关性，可以应用到职场之中。

七、就业与职能培训中心（e2i）

成立就业与职能培训中心，是新加坡以强有力的三方合作方式管理劳资关系的具体体现。在劳动力发展局、新加坡劳工基金（SLF）、新加坡全国雇主联盟（SNEF）的支持下，全国职工总会倡议，就业与职能培训中心面向所有人服务，从普通工人到专业人士、经理和管理人员。就业与职能培训中心成为第一个一站式服务中心，通过职业辅导、培训、工作配对等方式，帮助工人提升就业能力，同时帮助雇主为工人再创造工作机会和提升工作水平，开展技能培训以及招聘工人。

为纪念全国职工总会首任秘书长和新加坡前总统蒂凡那，就业与职能培训中心现在的新校区命名为"就业与职能培训中心蒂凡那学院"[①]，它是

[①] 就业与职能培训中心蒂凡那学院（Devan Nair Institute for Employment and Employability）位于裕廊东，耗资约7000万新元，面积比之前在红山的就业与职能培训中心大一倍，年培训能力达5万人。2014年5月1日，新加坡总理李显龙为蒂凡那学院主持了启用仪式。（参见：联合早报《设立蒂凡那学院，帮助工人提升技能》，2014年5月1日。）

为提高就业和就业能力提供解决方案的最大专门机构。蒂凡那学院的使命是，为工人创造更好的工作、更好的生活。自2008年以来，通过提供更好的就业、培养更好的职业发展技能、提高企业生产力，就业与职能培训中心已经帮助了超过30万名工人。

就业与职能培训中心在职业辅导、技能提升、工作配对等方面提供专业的指导意见，并开发在职培训课程，帮助工人及求职者做出明智的选择。就业与职能培训中心还知难而上，为工艺教育学院和理工学院等学校带来就业服务，通过其广泛的合作关系网，把学生、雇主与培训机构联系起来，帮助他们更好地理解不同行业的职业选择和发展。

就业与职能培训中心既通过提供就业能力培训、职业发展课程，也通过招聘会及就业服务为个人服务。同时还为雇主提供提高生产率、培训和工作再设计以及实习安排等服务。就业与职能培训中心专注于为现有劳动力、新近就业者、辞职工人和转换职业者提供技能提升培训和好工作。

为了新加坡有一个光明的未来，人们越来越重视在各行各业中掌握技能的重要性。作为帮助工人提升技能和职业进步的劳工运动的中心，就业与职能培训中心是培训合作伙伴与工人之间主要的、事实上的中间人，它不断发展技能培训和就业解决方案，致力于发展出高工资、高生产率和包容性增长的工作。

劳工运动促进培训和技能提升的诸多努力，得到了各种政府资助计划的支持，是工艺教育学院、理工学院等技能培训机构开展职前培训的补充。实际上，这些机构是新加坡继续教育体系不可或缺的一部分，它们与雇主和劳工运动紧密合作，确保技能培训与提升是每个人生活的一部分。随着"技能创前程计划"（本书后面将详细谈到）的实施，对每一个新加坡人来说，终身学习将成为现实，即便是在退休以后也是如此。

图 7.1
资料来源:《新加坡人》(1983 年 3 月中旬刊)。
承蒙全国职工总会提供图片。

图 7.2 1983 年实施"基础教育技能培训"(BEST)和"中等教育促进工人提升"(WISE)计划

图 7.3
资料来源：《五一年刊（2001）》。承蒙全国职工总会提供图片。

图 7.4
资料来源：《全国职工总会周刊》（2009 年 4 月 17 日）。
承蒙就业与职能培训中心蒂凡那学院提供图片。

图 7.5
资料来源：《全国职工总会周刊》（2009 年 4 月 17 日）。
承蒙就业与职能培训中心蒂凡那学院提供图片。

图 7.6
资料来源：《蜕变（2010）》。承蒙全国职工总会学习中心提供图片。

第八章

职业技术教育[1]与高等教育衔接

大事年纪

1964年 成立新加坡管理学院（SIM）

1981年 成立南洋理工学院（NTI）（南洋理工大学前身）

2005年 成立新加坡管理学院全球教育中心

2005年 成立新跃大学（Uni SIM）

2009年 成立新加坡科技学院（SIT）

2014年 新加坡科技学院成为公立大学

除了教学质量、设施设备和就业前景等因素以外，新加坡职业与技术教育被广为接受的原因之一，是建立了教育"立交桥"（bridges and ladders）体系，以确保职业教育并不是断头路，而是不管在同一学科或者不同学科，均为个人提升和职业生涯发展提供多种选择。

一、从技工到技师

在工艺教育学院体系内，毕业生获得基础国家工艺教育局证书（Nitec）[2]

---

[1] 此处原文为TVET，即"技术与职业教育及培训"，译文力求标题简洁，简称"职业技术教育"。

[2] 工艺教育学院颁发三种证书：一是国家工艺教育局证书（Nitec），相当于我国的初级技工证书，完成工艺教育学院的课程即可获得此证书，并应聘就业。二是高级国家工艺教育局证书（Higher Nitec），相当于我国的中级技工证书，颁发给学业成绩优异的学生，大约5%的学生能获得此证书。三是特级国家工艺教育局证书（Master Nitec），相当于我国的高级技工证书，主要颁发给已获得证书、就业后又回到工艺教育学院继续深造的在职人员。

技术员资格后，可以报考下一等级的高级国家工艺教育局证书（Higher Nitec）。

一旦通过高级国家工艺教育局证书认证，他们将有资格进入理工学院继续学习文凭课程。很多同学也确实进入了理工学院。获得高级国家工艺教育局证书且平均绩点（GPA）达到 3.5 以上的学生，可以选择：

- 直接进入理工学院相关三年制文凭课程二年级；
- 进入理工学院相关三年制文凭课程一年级，免修部分课程；
- 进入理工学院相关三年制文凭课程一年级；
- 进入理工学院相关三年制文凭课程一年级，前 6 个月免修。

工艺教育学院平均绩点在 2.5 和 3.5 之间的学生，将有资格进入理工学院相关三年制文凭课程的一年级。

即使是仅仅获得基础国家工艺教育局证书，如果平均绩点达到 3.5 以上，也有资格进入理工学院相关工程类文凭课程一年级。

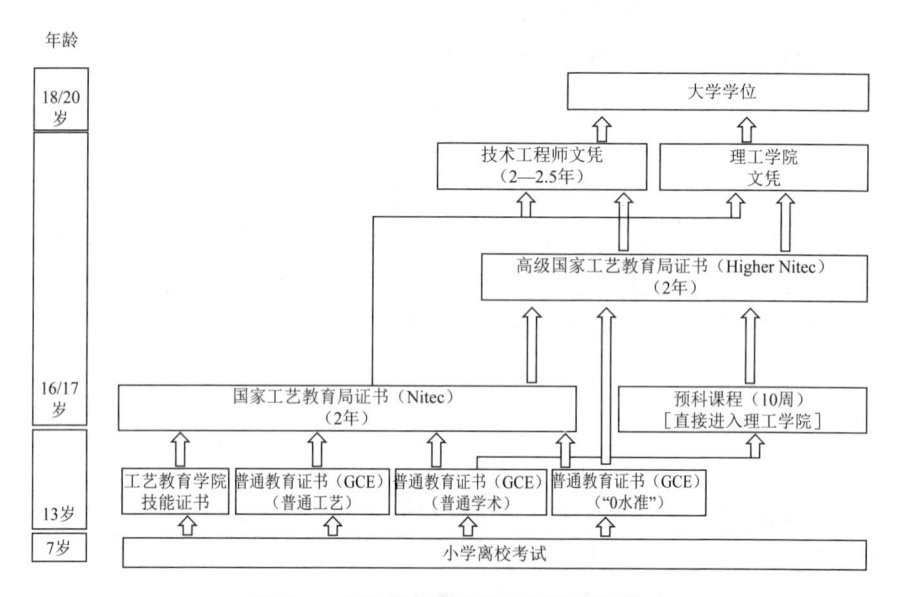

图 8.1　工艺教育学院学生的升学渠道

由此可见，该体系是基于学生获得入学资格必须达到的成绩水准。然而，即使平均绩点只有 2.5 且获得高级国家工艺教育局证书的学生，也有机会就读理工学院的文凭课程。由于工艺教育学院的大部分学生都能够达到这一点，因此通往理工学院文凭的第一座桥梁就为他们开通了。

事实上，工艺教育学院毕业生将实践技能与知识带进教室和实验室，对此理工学院也颇为欣赏。对于现在要求更高的数学和物理课程，工艺教育学院的学生可能需要一些额外的辅导，但是在理工学院朋辈同学和讲师的辅导下，他们大部分都能够顺利毕业，获得理工学院文凭。所有的理工学院都有完善的生活、心理和学习辅导服务，为每一位学生提供他们所需要的支持，使他们能够不断前进、施展全部才能。

二、高级文凭和专业文凭

理工学院为了满足自己的毕业生提升学历的愿望，开发了两年制高级文凭和一年制专业文凭课程。由于理工学院不能授予学位，这已经是他们所能做到的最大限度的努力了。高级文凭和专业文凭课程也面向那些获得大学学位、希望学习专业知识的人士开放。虽然这样的文凭课程数量并不多，但为理工学院的毕业生提供了另外一种选择。

然而，这些"文凭后"（post-diploma）学历不能像获得学位那样带来自动加薪或改变职业发展道路。因此，它们的影响是有限的。在"技能创前程计划"（参见第九章）的支持下，这些文凭课程将会被再次启用，使之为培养精深技能发挥更加重要的作用。

三、从文凭到学位

获得理工学院文凭的毕业生，雄心勃勃而且具有创业精神。他们在学习训练中获得软硬两方面的技能，因而他们不会被学历所束缚，而是渴望继续上进。

多年以来，获得理工学院工程学科文凭的毕业生发现，通过苏格兰的大学获得学位的途径倍受青睐。斯特拉斯克莱德大学和格拉斯哥大学等受到热捧，因为只用两年多的时间，理工学院毕业生就能够获得荣誉工程学位。这一点是可能的，因为这些大学准许他们免修两年课程（获得工程学位正常是四年）。

实际上，通过这种途径而获得工程学位，甚至比读初级学院然后进入大学的常规途径更加快捷。新加坡本地的大学，工程学位是四年制，初级学院是两年制，因此中学毕业"O 水准"考试以后，获得工程学位需要六年时间。而去攻读苏格兰学位的理工学院毕业生，在"O 水准"考试以后，只用五年时间就获得了荣誉学位。这一点，引起了一些工程类专业机构的不满。人们普遍认为，与理工学院的学生相比，初级学院的学生更加符合学术方面的要求。结果，当有其他选择面向理工学院毕业生开放的时候，"苏格兰路线"就自然而然地逐渐走到了尽头。

1981 年，南洋理工学院（NTI）——南洋理工大学（NTU）的前身——向实践导向的工程教育敞开了大门，理工学院毕业生可以在三年之内就获得本地大学的工程学位。当南洋理工学院成为自治大学即南洋理工大学以后，它继续招收相当数量的理工学院毕业生进入二年级学习，很多这样的学生获得了荣誉学位。随着时间的推移，人们开始从报章上看到，理工学院的毕业生获得海外大学硕士和博士学位。这样的新闻报道，让很多获得理工学院文凭的学生看到了希望。

1995 年，新加坡国立大学（NUS）也面向理工学院毕业生，开发了非全日制的技术学士学位（B.Tech）课程。从电子工程学士学位课程开始，目前可提供的技术学士学位课程已经达到了 5 个。这些课程是针对在职工作的技术人员，他们不需要放弃工作就可以参加学习。他们在晚间和周末上课，学习时间可以达到 8 年，但是大部分学生通常只用 4 年或者 5 年时间就完成了。为使学生的数学、物理和工程基础等课程达到标准，还另外开设了预科课程。然而，理工学院毕业生普遍认为，申请进入本地大学的全日制学习具有挑战性，一是因为他们的能力有限，二是招生要求较高，因为本地大学招收通过"A 水准"考试的初级学院学生。

其他一些颇受理工学院毕业生欢迎的选择，是英国和澳大利亚的大学，尤其是后者。随着高等教育的预算削减和费用增加，英国和澳大利亚都加强针对性的市场推广，采取一些宽松的政策吸引理工学院毕业生。英国和澳大利亚很多新改制的大学尤其如此。澳大利亚之所以成为颇受欢迎的大学首选地，主要是因为它邻近新加坡、气候条件较好，以及澳大利亚的大学校历比英国早 6 个月。澳大利亚的一些大学甚至把校历还提前几个月，以迎合这些理工学院毕业生的需要。

衔接新加坡理工学院文凭和澳大利亚大学学位之间的这座"南方大

桥",成为许多人实际上的选择途径。为减少学位课程的学习时间和费用成本,澳大利亚的大学慷慨大方地提供学费减免和夏季课程。此外,澳大利亚有很多新加坡移民,这也使它成为新加坡理工学院毕业生就读大学的首选之地,尤其是西部的珀斯和东部的墨尔本。

四、新跃大学(UniSIM)和新加坡管理学院全球教育中心

鉴于大量的理工学院毕业生纷纷出国就读本科,新加坡政府出台措施,为学生提供就读本地大学的机会,以减少学生外流。

为了培养当时紧缺的监督和管理类人才,经济发展局于1964年创建了新加坡管理学院(SIM)。新加坡管理学院是自主办学的非盈利机构。

最初几年,新加坡管理学院提供会计、销售和监督管理技能等短期速成课程,培养各个层级的管理人才。早期还开设了一些专门行业课程和研习班,例如双税制、出口贸易和旅游业等。

为了提升高级经理和管理人员的能力,新加坡管理学院与当时的新加坡大学、南洋大学和新加坡理工学院紧密合作,开发和提供课程。其中一门住校学习课程——"高级管理课程"特色鲜明,由哈佛商学院教授执教,面向首席执行官和高级管理人员开设。

20世纪60年代,新加坡管理学院邀请了一批来自斯坦福和哈佛商学院的研究生访问学者,福特基金会为此提供了30万美元的资助。他们承担金融、市场营销等短期课程,以及首个两年制管理类夜校课程——"初级管理课程"(可获得管理学文凭)的教学。

五、管理学文凭

1973年,新加坡管理学院正式推出第一个管理教育课程——管理学文凭。新加坡管理学院与世界各地10余所知名大学合作,陆续扩大课程组合范围,广泛涵盖了文凭课程、学士学位、硕士学位和博士学位课程。

1992年,教育部遴选确定新加坡管理学院开设"开放大学学位课程",提升新加坡的本地方言教师的能力。2002年命名为"新加坡管理学院开放

大学中心"。

新加坡管理学院2004年启动一项战略评估，随即于2005年实施改革，成为一个多功能的机构，拥有三大支柱：

（1）新加坡管理学院社会学院（SIM Society）——非盈利性会员机构；

（2）SIMPL——以"新加坡管理学院全球教育中心"名义运作，属于新加坡管理学院全资拥有的盈利性实体机构，在本地提供全球教育；

（3）新跃大学（Uni SIM）——颁发学位的非盈利性私立大学。

新加坡管理学院全球教育中心接管了学位课程，如今已与美国、英国、欧洲和澳大利亚的10余所海外大学合作，共计开设70余个从文凭到硕士学位层次的学术课程。

2005年新跃大学成立，对理工学院毕业生而言是一个非常重要的进展。根据构想，新跃大学面向在职成人，但主要针对理工学院毕业生。这意味着，新跃大学为那些在年轻时候错过大学教育的人们提供了第二次上大学的机会。本质上，新跃大学是属于新加坡管理学院资助的私立大学。正如前面提到的，为了教师的提升，政府提供原始种子基金设立了"新加坡开放大学"。新跃大学从这样一个很低的起点，已经成长为高等教育领域的一个重要角色，拥有大量从学士到博士的各个学科的学位课程。新跃大学的大多数教师来自商业和工业界。这些"同事"本身有全职工作，晚上为成年人兼职授课。这样，新跃大学可以充分利用从业人员的实践经验，开设更具实践导向的课程。

最近，政府批准新跃大学开设全日制学位课程。新跃大学与自治大学一样，得到政府的资金支持，2014年开始提供三个商科课程，规模较小，一届学生300人。参加新跃大学非全日制本科生课程的学生，政府也提供55%的学费补贴。

为了满足广泛的需求，新跃大学设立了5个学院。即：

- 艺术与社会科学学院
- 商学院
- 人类发展与社会服务学院
- 科学与技术学院
- 新跃学院（Uni SIM College）（全日制）

作为新跃大学的孪生机构，"新加坡管理学院全球教育中心"与海外大学合作，提供学位课程。新加坡管理学院全球教育中心成立于2005年，是新加坡管理学院属下一家私营公司，现在已成为新加坡管理学院的重要盈利来源，并定期提供发展资金支持新跃大学的发展。新加坡管理学院全球教育中心的目标人群是希望获得海外大学学位的人们，并吸引外国学生和获得理工学院文凭的学生。

新加坡管理学院全球教育中心与新跃大学一起，分别在白天和晚间利用同一校园设施上课，这有助于降低费用成本，最大限度地利用原本就紧张的土地资源和基础设施。

六、新加坡科技学院[①]

新加坡5所理工学院一方面感激其普通文凭课程能与本地大学衔接，另一方面它们也担心，很多专业文凭课程不容易与新加坡国立大学和南洋理工大学相适应。因此，它们与知名的海外大学合作伙伴达成协议，在理工学院内合作建立一些有针对性领域的专业学位。合作专业和院校有：幼儿教育（义安理工学院与美国惠洛克学院）、眼视光（新加坡理工学院与曼彻斯特大学）、烹饪艺术（淡马锡理工学院与美国烹饪学院）和零售市场营销（南洋理工学院与斯特灵大学）。

这些合作安排得到政府"教育部—海外专业学院合作计划"（FSI）的支持。

2009年，理工学院与海外专业学院的上述合作，统一归到新加坡科技学院。

引用新加坡科技学院官方网站的话说："新加坡科技学院成立于2009年，为理工学院毕业生提供更多的升学机会，以获得某些针对性行业的学位。通过与海外大学合作伙伴和5所本地理工学院独特的三方合作，2010年9月，新加坡科技学院迎来了首届500名学生，分别学习由5所海外大学提供的10个学位课程"。

[①] 新加坡科技学院（SIT）已于2014年升格为新加坡理工大学（简称"新工大"），成为新加坡第五所公立大学，其总部位于杜佛路的前工艺教育局总部。新加坡理工大学的学生分布在5所理工学院上课，新校舍建于榜鹅北，预计2020年竣工。

2012年,"2015年后大学升学渠道委员会"(CUEP)建议,新加坡科技学院应该发展成新加坡第5所自治大学,赋予其颁发自己学位的权利。新加坡科技学院的目标是,把应用型途径作为其教育教学法的基础,培养不同类型的毕业生,以满足新加坡经济的多样化需求。

新加坡科技学院通过理论知识与实践应用的融合,把学生置身于真实的工作环境之中,培养他们能在毕业时为工作做好准备。这非常适合理工学院学生的提升,使他们能专注于跟之前的文凭课程相同的学科。新加坡科技学院希望,通过应用型途径的模式,使个人在现有基础上有所发展,并与大学合作伙伴一起培养人才。

2014年3月,《新加坡科技学院法案》公布并获得立法会通过,新加坡科技学院正式成为新加坡最新的一所自治大学。2014学年,新加坡科技学院迎来了首届自己的学位课程学生,以及报读海外合作大学提供的学位课程的学生。

新加坡科技学院在5所理工学院均建立了分校区,从而使理工学院毕业生更容易选择合适的课程。除了海外合作大学提供的课程以外,新加坡科技学院自己也开发了一套本科学位课程。该课程由学院总部开设,并将随着时间的推移而不断扩大规模。因此,新加坡科技学院成为又一个受理工学院毕业生欢迎的选择,而且由于其设施和课程的增加,将与新跃大学竞争生源。

七、私立教育机构课程

新加坡每届中学生,大约有45%进入理工学院,25%进入工艺教育学院。这样,提供文凭和学位提升的途径,对私立教育机构而言是有利可图的。因此,过去10—15年间出现了大量的私立教育机构进军这个市场。差不多每一所英国和澳大利亚的二级和三级大学都进入了这个市场,他们通过新加坡本地合作伙伴提供学位课程。

其中最大的本地合作伙伴有新加坡管理学院全球教育中心、楷博高等教育新加坡分院、新加坡管理发展学院、新加坡生产力与标准局培训学院、新加坡东亚管理学院、新加坡市场学院、新加坡英华美学院、新加坡ERC创业管理学院和很多其他机构。其中大部分提供商业、贸易、旅游、酒店管理和信息通信技术等学位课程，有些也提供基于实验室的课程。

这些私立教育机构接受私立教育理事会当局的监管，以确保没有误导性广告、学生收费得到保护，以及按照承诺的设施设备开课并定期检视这些设施设备。私立教育理事会学生服务中心则确保学生（其中很多来自海外）有机会表达他们的诉求，并对投诉内容展开调查。私立教育理事会的执行部门备受敬畏，一些私立教育机构由于不按章办事被勒令关闭。这样做是为了维护新加坡追求高标准的声誉，防止教育市场出现自由放任的现象。私立教育机构渴望得到的一个非常理想的质量标志是"教育信托认证"[1]。

八、海外大学分校

一些海外大学在新加坡建立分校，面向本科生和研究生。这些分校也为理工学院毕业生提供了升学的渠道。其中比较成功的有詹姆斯库克大学、拉斯维加斯大学和科廷科技大学。

九、高等教育景观的演变

综上所述，新加坡的高等教育呈现出多样化的景观。几乎任何一个拥有理工学院文凭或者完成12年学校教育的人，都可以找到一间愿意招收他（她）的大学或学院。这个问题值得政府关注，因为在很多经济增长放缓或呈现负增长的发达国家，大学毕业生失业是一个严重的问题。新加坡过去的经济高增长率不大可能重现，因为新加坡经济已经不断发展成熟为高工资、高附加值的经济，参与到全球最高水平的竞争。

全球市场低迷仍将持续一段时间，新加坡的经济增长率处在较低的个位数水平。在这种情况下，本科学位已经成为所有毕业生的基本资格，这是一个很危险的发展趋势。为解决质量问题，政府加快了对新跃大学和新

---

[1] 教育信托认证（Edu Trust），新加坡政府2009年开始在私立教育机构实施，由教育部下属私立教育理事会管理。教育信托认证是对私立教育机构从管理层承诺与责任、内部管理架构、代理网络甄选、学生保护与服务、学术流程与生源评估、质量监督与改善等六个方面进行审核，对学校的管理、教学和招生提出更严格的要求。私立教育机构必须满足所有的标准，有效期4年，认证不通过的私立教育机构将失去招生资格。

加坡科技学院的支持。为解决数量问题，政府已宣布实施"技能创前程计划"的各项举措，基于深化知识、技能和再培训，建立一个与经济增长相适应的、更加有序的个人提升计划，而不是盲目追求一纸文凭。下一章将对此进行详细讨论。

第九章

技能创前程

大事年纪

2014年1月　教育部成立"理工学院及工艺教育学院应用学习教育检讨委员会"

2014年8月　《理工学院及工艺教育学院应用学习教育检讨委员会报告书》发布并提交国会辩论

2014年8月　宣布实施"技能创前程计划"[①]

随着以获得学位为标志的高等教育成为衡量教育型社会和知识经济的基准，高等教育大众化已成为发展中国家和经济体的常态及目标。然而最近以来，很多国家出现大学毕业生高失业率的现象，薪资收入与高等教育之间长期存在的相关性已经被严重削弱，这引发了很多决策者重新审视有关高等教育的一些基本假设。

最近的研究已经得出带有普遍性的两大主要结论。第一，高等教育需要重新强调STEM（科学、技术、工程和数学）学科的学习。从STEM学科转向商业、人文学科和通识教育，已经导致大学生较低的就业率。尽管仍然有很多支持者倡议把通识教育作为个人发展和成长的基础，但是决策者颇为关注STEM学科学生人数的下降问题，因为这些学科是个人成长、发展、创新和解决未来问题所必需的。

---

① "技能创前程计划"（Skill Future）2014年推出时称"未来技能计划"，2016年改为现名。因为"未来技能"会让人误会为"未来才需要的技能"，该计划的本意是为推动新加坡下一阶段发展，鼓励国人精专技能，创造未来的前程。（参见：联合早报《新加坡未来技能计划中文改名为"技能创前程"》，2016年5月18日。）

第二，任何形式的高等教育都离不开技能。例如，除了知道和理解大数据，还必须拥有扎实的数据分析基础和相关技能。随着 STEM 学科学生人数的下降，就会出现"多面手"通才太多而职位不足的局面，同时满足需求的专门人才又太少。其中部分原因是，很多技能工作已经从高成本经济体外包给低成本经济体，当然这主要是出于成本原因，但也是因为技能人才的缺乏。而且，拥有基本技能的人们必须接受继续教育培训，以掌握精深技能，使人们不管在什么经济周期，都能够找到报酬良好的工作，实现生产性就业。

发展中国家也逐渐认识到，由于热衷于发展大学教育，对职业与技术教育的投资不足。在整个亚洲、非洲和中东地区，情况确实如此。已经建立职业与技术教育体系的国家，多年来都维持着更高的（经济）增长率，年轻人的失业率也更低，同时社会更加稳定。

这些经验教训对新加坡的决策者和策划者不是没有起到作用。新加坡即使已经形成一流的技术与职业教育及培训体系，但大学教育仍然是很多家长为孩子定下的最终目标，即使获得的是并不知名的大学学位。这样带来的后果是，没有足够的人去从事需要技能的工作。同时，我们也需要通过教育让每一个人都发挥最大潜能。

为了解决这个难题，2014 年 1 月，教育部成立理工学院及工艺教育学院应用学习教育检讨（ASPIRE）委员会[①]。"ASPIRE"是很贴切的缩写[②]，因为该委员会把国家发展与理工学院和工艺教育学院学生的"志向"（ASPIRATION）紧密联系在一起。应用学习教育检讨委员会的主席是律政部兼教育部高级政务部长英兰妮（Indranee Rajah）女士，委员会成员包括业界、社会、公共服务及学术界等主要利益相关者。

应用学习教育检讨委员会对有关问题进行研究并提出建议，主要集中在以下三大领域：

1. 强化应用教育及与业界的合作。研究如何拓宽应用教育的途径，强化与业界的合作，促进理工学院及工艺教育学院毕业生的职业发展和学术

[①] 以下简称"应用学习教育检讨委员会"。
[②] ASPIRE 全称"Applied Study in Polytechnic and ITE Review"，即"理工学院及工艺教育学院应用学习教育检讨"。ASPIRE 有"志向"、"追求"之意，因此作者说这是"很贴切的缩写"。

进步。

2. 促进学生成功。研究如何更好地将应用教育途径和机会与学生的特长和兴趣相匹配，并检视学院的支持机制，增加学生成功的机会。

3. 加强研究和创新创业。研究如何加强理工学院、工艺教育学院与业界的合作，开展产业研究和创新创业，以提升教学的适应性和有效性，通过开展产业研究和创新创业活动，促进学院对产业和知识经济做出更直接的贡献，同时也为其完成学术使命提供支持。

应用学习教育检讨委员会指出，随着新加坡的经济环境变得更加动态化、多样化和复杂化，对职场技能与能力的要求也会随之发生变化，必须让学生做好准备，使他们能够抓住机遇，在未来的经济中茁壮成长。

一、应用学习教育检讨委员会的观察

首先，出于远大理想，毕业生似乎有追求一纸文凭的趋势。根据雇主反馈，毕业生还没有真正地投入实践操作就急于想得到快速的职业提升。他们希望刚一毕业就可以尽快地从事监督或管理岗位的工作。

其次，技术教育的教学方法必须有助于确保使学生在今后工作和生活中得到持续良好的培养，即使随着环境的改变也能如此。因此有必要检视学生的职业资格、技能和能力是否适应业界需求。

第三，本地员工在技术和工程领域的从业人数不足，大量流向其他职业，尤其是制造业过度依赖外国劳动力。确保就业能力和工作相关性并提供在职学习，业界将在这方面发挥重要作用。

最后，终身学习不应该仅仅是为了获得更高的学历，而是为了掌握更精深的知识和技能，从而更好地胜任工作。重塑能力观、摒弃等级观念、尊重知识与技能需要一代人或者更长时间的努力，因为这需要从文化上改变关于人的价值评价，以及转变思维方式。在促成这一转变的过程之中，虽然雇主起着关键作用，例如可以提供更好的地位和薪酬、重视熟练工人和工匠，但是也必须从学校开始就加强应用学习。

尽管工艺教育学院及理工学院 90% 的学生在毕业后 6 个月之内就找到了工作，但是在这些受过良好训练的毕业生中间，工艺教育学院总裁布鲁斯（Bruce Poh）先生还是观察到一些发展趋势：

"第一，追求大学学位的学生人数在上升。这千真万确，因为越来越多的家庭更加富裕了，期望值也非常高。在亚洲社会，人们尊崇获得学位，但是如果走向极端就会出现问题。例如，台湾超过90%的人拥有大学学位，很多人却处于待业或失业。即使达到完全就业，人们仍然追求一纸文凭。

第二，从理工学院毕业后并不立即就业，而是去追求另一个文凭。

第三，为专门领域培养的人才后来跳槽去了其他行业。

最后，产业在不断变化，因此一次学习管一辈子的情形已经一去不复返；终其一生，人们都需要不断地改造自己且有可能变换职业。"

二、应用学习教育检讨委员会的建议

在主要利益相关者（学生、家长、理工学院、工艺教育学院和各中学的教育工作者及教师、雇主）的积极参与下，应用学习教育检讨委员会发布了报告书，其中从4个方面提出了10项建议：

1. 帮助学生做出明智的教育及职业选择

帮助年轻人对自己的未来做出明智的决定，给他们提供最新最准确的信息，使他们能够做出正确的教育及职业选择，对于已经工作的成年人也是如此。

应用学习教育检讨委员会建议：

（1）为中学、理工学院和工艺教育学院的学生提供更好的教育与职业辅导。

2. 加强教育和技能培训

提供扎实的应用教育和雄厚的技能基础，这是理工学院和工艺教育学院的特色；提供更多、更广泛的支持，帮助每个学生（包括男生和女生）学习取得成功。

应用学习教育检讨委员会建议：

（2）加强理工学院和工艺教育学院的企业实习课程；

（3）增加高级国家工艺教育局证书的学额，让工艺教育学院毕业生能够掌握精专技能；

（4）在每一行业选择一所理工学院或工艺教育学院作为指定行业领导，协调业界与学府的合作关系，帮助项目开发；

（5）增加在线学习网络课程，让每个人学习更便易，可以随时随地学习；

（6）为理工学院和工艺教育学院学生提供全面支持，帮助每一位学生走向成功。

3. 帮助学生毕业后提升技能

为理工学院和工艺教育学院毕业生提供更多的途径，帮助他们深化现有技能，或获得更多新技能；审视如何搭建桥梁，更好地实现从学校到工作的过渡，使年轻人能够把所学技能应用到工作之中，并进一步发展。

应用学习教育检讨委员会建议：

（7）推行集工作和学习于一体的新培训计划，边工作边受训，例如"在职培训计划"（属于"技能创前程计划"的一部分），为理工学院和工艺教育学院毕业生另外提供一个提升技能的选择；

（8）增加理工学院毕业生的继续教育与培训机会，巩固并提升技能；

（9）在国民服役期间根据学生的职业技能进行部署，帮助理工学院和工艺教育学院毕业生继续磨炼技能，且有可能获得行业认可的技能鉴定证书，使他们退役后能够更好地加入到已经接受过培训的行业。

4. 帮助毕业生的职业生涯发展

明确职业发展途径和制定技能框架，这同时也可以作为业界招聘和职业发展的衡量标准。

应用学习教育检讨委员会建议：

（10）与业界合作，制定不同行业的技能框架和职业发展途径，支持基于行业相关技能的职业发展。

三、《应用学习教育检讨委员会报告书》的动议

《应用学习教育检讨委员会报告书》在国会进行了充分讨论。部长和国会议员们支持上述建议，同时也提出了其他几个关键性的考量：

（1）制定中学后教育格局的整体方案；

（2）发送学位与非学位文凭相冲突的信息；

（3）鼓励重视工作表现而不是主要看一纸文凭；

（4）与业界和雇主同舟共济，并改变他们的观念。

国会辩论期间，为应对这些关注点，应用学习教育检讨委员会主席英兰妮女士强调，"应用学习教育检讨"是政府庞大的整体战略行动的一部分。中小学要首先为学生奠定坚实的学术基础。另外，应用学习课程将专注于现实世界的技能应用，通过解决问题而开展教学，支持与业界伙伴的合作；终身学习课程将专注于现实世界的经验学习，通过社区拓展或服务学习，培养人们的品格与价值观。

在大学层次，新加坡科技学院和新跃大学提供获得应用型学位的途径，强调基于工作和行业的学习；其他大学，如新加坡国立大学和南洋理工大学，也希望与业界加强实习合作关系。应用学习教育检讨的重点是深化理工学院及工艺教育学院层次的应用学习，全面贯彻并形成超越这些院校的影响。

英兰妮女士进一步说明，职业指导工作将贯穿终身，从小学开始到中学，经过理工学院及工艺教育学院一直到大学，直至已经参加工作的成年人；也要通过不同行业的技能框架，指导他们的职业生涯发展。为此，理工学院及工艺教育学院将开发新的职业指导课程，包括自我管理和职业生涯探索等内容。

这将为理工学院和工艺教育学院大展身手提供重要舞台。这一点与瑞士不同，在瑞士，中介机构在基础培训和职业生涯发展方面扮演主要角色。新加坡没有学徒制培训的传统，难以使毕业生扎根于具体领域的专业知识与技能。相反，他们倾向于在不同领域之间来回迁移，而不去深化提升技能。因此，人生早期的职业指导将是一种有益的干预。

中学教师和家长也要参与到这项工作中来。为此，中学正在招聘职业辅导员，工艺教育学院和理工学院也将如此。职业辅导员将接受广泛而持续的培训，对经济和职业有切合实际的理解。企业也将参与进来，提供最新信息并接待学生参观实习。同时我们还将加快进行家长教育，让他们知道该为孩子储备什么样的行业技能。

关于学位与非学位文凭的信号或信息相互冲突，以及重视工作表现而不仅仅看一纸文凭等问题，教育部长王瑞杰在国会辩论时的华语演讲，代表了政府在这一问题上的观点。以下是他演讲的摘录：

"对我们来说，应用学习教育检讨的目的，是要打破人们对文凭、事业和机会的传统观念。我们希望实现三大突破。一是突破文凭至上，重视工作态度、精深技能、知识和经验，使我们能够胜任即将从事的工作并有所擅长。二是突破课堂局限而不断学习，肯定应用学习和终身学习的价值，让职场也成为学习场所，这是雇主对人才培养发挥重要作用的用武之地。三是突破对成功的狭隘定义，肯定每一个人在不同方面、通过不同方式而各有所长，如果用脑、用手、用心去做，我们都能够出类拔萃。

这些突破，丝毫没有贬低其他文凭。这不是在不同文凭间做比较，而是创造更多机会，打开更多通道，让所有人都发挥潜能并取得成功。"

几个月后，总理公署公共服务署率先宣布，没有大学文凭的辅助管理员，只要其工作表现和能力达到要求，将会得到更快的职位晋升。政务部（Civil Service）也宣布，把以前更多单独实施的毕业生招聘计划合并纳入综合计划，根据工作表现和承担更大职责的能力，职员不管起点如何，都能得到晋升。

英兰妮女士还提出了一些策略建议，让业界和雇主参与进来、同舟共济，并使他们转变观念。由于成本及人力问题，这对企业来说是一项挑战，尤其是中小企业。但是，他们可以得到政府的资助，而且通过建立职业晋升通道、提供培训项目、发展良好的人力资源，企业自身也将从中获益，提升人力资源开发能力。政府提供的资助包括新加坡标准、生产力与创新局的"能力发展津贴"和"中小企业人才培育计划"以及劳动力发展局的"企业培训援助计划"。

英兰妮女士指出，改变当前根深蒂固的观念，是我们面临的一大挑战。她在国会演讲中指出：

"值得注意的是，刚才在座各位谈及这一点时，不仅都指出了转变观念的必要性，而且也都认为观念必将转变。因此可以看到，这一点具有强大的民意支持，在我们这里更是如此。当我们与其他人谈及于此时，多数人都认为确有必要。这是一个很好的开端，因为只要人们认识到转变观念确有必要，而且认为转变观念是件好事，接下来的问题就是让大家都参与进来、付诸行动。对个人而言——要认识到自己的长处，奠定正确的基础、选择正确的途径、采用正确的态度，投入终身学习；对家长而言——要认识到孩子的特长，鼓励他（她）选择能充分发挥自己才能的途径；对雇主而言——要尊重每一位员工的价值，根据员工的实际技能水平加以重用和嘉奖。"

此外，英兰妮女士呼吁新加坡人民从广义上理解成功的定义，赞赏和支持人们为走向成功而努力奋斗，无论是沿着适合自己的道路走非传统的途径，还是通过攻读大学学位而获得成功。同时，她敦促嘉奖那些坚定秉承正确观念的企业。例如：积极投资人力发展、教育和培训的企业；根据实际技能水平和表现对员工加以重用、优酬和提升的企业；执行不同行业技能框架、提供职业发展途径的企业；为员工不断提供改进工作和发展机会的企业。

英兰妮女士强调，应用学习教育检讨委员会曾远赴海外很多国家考察调研，并从中深受启迪，他们提出的建议具有独特的新加坡特色。

以下是她演讲的摘录，概括了应用学习教育检讨旨在达成的目标。

"我们进行应用学习教育检讨，力争改变职业与技术教育的整体格局。为应对新的发展环境，我们正在努力推动产教融合，进行战略性的课程调整。以前的课程在当时是适宜的，但是我们正在构建新的课程，因为改革之风又一次扑面而来，我们必须拥抱改革新风。如果我们不改革，我们也终将被迫行之，而且不会按照我们自己的方式进行。

我们正在改变社会，超越文凭至上、超越课堂局限、超越狭隘的成功定义。人们也许会问，我们有了崇高的目标、远大的理想，但如何落到实处呢？……这确实绝非易事，不会在一夜之间就发生，而是需要经过多年的努力。但是，千里之行始于足下，进行应用学习教育检讨就是我们迈出的第一步。

现在刚刚开始，也仅仅只是开始。我们需要的是，每一个人都行动起来，在自己的领地做出必需的、实实在在的改变。

这犹如使船变换方向，当你转动方向盘时，机器齿轮啮合，你要对抗水的阻力。船慢慢地开始出发了，最初一段行驶需要付出巨大的努力。但当船一旦获得前进动力,你就开始加速,然后全速前进。我们进行的应用学习教育检讨,正是如此。

我们凝视着远方地平线,试图勾画未来景象,尽我们所能去谋划,提出解决方案和实施策略,然后大家齐心协力一起去做。这是新加坡人民自己的事业,也是新加坡人民自己的方式。我们这样做,有一个理由,也只有一个理由,那就是——为新加坡人民和新加坡创造一个更加美好的未来。"

政府接受了应用学习教育检讨委员会的建议。这项全新的改革事业预示着新加坡教育版图"分水岭"的到来;同时也意味着,通过职前培训进行前期教育的传统做法将被抛弃,转而以继续教育与培训为重点。其中一大挑战是改变传统模式,实行学徒制教育。新加坡可以改造欧洲的学徒制模式,同时保持全日制的职业教育。学徒制将解决学生尚未完成课程学习,然后在国民服役结束后又开始学习另外课程的问题。国民服役期间,学徒的任务是为今后精深技能发展铺平道路。另一个原因是,把教育、人才、就业和培训有机地结合起来,将进一步提高生产率以及涌现出更多的创新,特别是在对技能的需要发生迅速变化的当今时代。

2014年8月,新加坡总理李显龙在国庆集会演讲时宣布成立"技能创前程委员会",负责落实应用学习教育检讨委员会的建议。除此之外,技能创前程委员会还得到《继续教育与培训总体规划》的支持,以实现建设基于精通技能的美好未来的国家愿景。因此,《继续教育与培训总体规划》对于技能创前程计划也非常关键。

四、继续教育与培训总体规划

新加坡劳动力发展局牵头制定的《继续教育与培训总体规划》也称《继续教育与培训2020总蓝图》,它吸收了个人、工会和雇主的意见,明确了我们需要进行的重大转变,以使新加坡人民具有较强的职业适应性,适应创新和生产率驱动的发达经济体的需要。《继续教育与培训总体规划》的重点是改变雇主、个人和培训机构之间的重要关系。

《继续教育与培训总体规划》提出以下主要策略建议:

1. 促进雇主参与和重视提升员工技能

这项建议的终极目标,是使人们深化专业能力并得到基于所学技能的职业发展。

具体举措包括:

(1)与行业领导机构、雇主和工会紧密合作,共同实施人力和技能战略,支持产业增长和提高生产率。明确五年发展期内具体行业的人力和技能需求,并提出满足这些需求的一揽子计划。

(2)以目前新加坡劳动力技能认证(WSQ)框架为基础开发行业能力框架,为理工学院和工艺教育学院的职前培训课程,以及继续教育与培训课程的开发提供支撑。行业能力框架将为人力资源管理实践提供指导,例如员工招聘、职业晋升,也使人们更好地了解怎样才能深化具体行业的技能,并得到职业发展。

(3)加快与中小企业接触,为他们提供人力支持和培训咨询服务,并帮助他们获得政府相关支持计划,以解决他们在这些领域的需求;提高能为员工提供系统培训和职业发展的中小企业的比例。2012年该比例为68%,低于71%的整体平均水平。这一点引起了人们的关注,因为中小企业员工占新加坡总劳动力的70%。

2. 改进教育、培训与职业指导,帮助人们做出明智的学习与职业选择

以提供可利用的资源和平台为重点,帮助人们发现自己的长处和兴趣,再加上提供相关的劳工市场信息,使人们能够作出明智的教育、培训与职业选择。

具体举措包括:

(4)与教育部合作,开发一个集教育、培训和职业指导于一体的在线门户网站。从学校教育开始,贯穿整个职业生涯旅程。通过门户网站,人们可以跟踪记录和检讨其教育、培训和职业发展历程。2014年早些时候,"个人学习档案"网络平台已经进行了试运行,用户量达到1.8万人。全国在线门户网站的开发设计将吸收这些用户的反馈意见。

(5)依托终身学习学院(LLI)成立"终身学习探究中心",通过分析测试、游戏项目等方式,让来访者更好地了解自己、探究学习途径,帮助他们实现事业抱负。

(6)充实劳动力发展局的职业导师专家库,并提升现有职业导师在教育、培训和职业指导方面的专业能力，特别是为不同的劳动力细分群体提供支持的能力。

3. 提供广泛优质的学习机会，建立充满活力的继续教育与培训生态系统

以全面提高培训机构、成人教育工作者和培训课程的质量为重点，敦促理工学院和工艺教育学院与优质的私立教育培训机构一起，加强面向在职成人的继续教育与培训工作。

主要举措包括：

（7）开发更多的混合式学习课程，把课堂学习、在线学习和生动易懂的电子学习结合起来。劳动力发展局成人学习学院将率先开展运用新技术进行培训教学的尝试和创新，并与合作伙伴分享经验。

（8）在终身学习学院建立创新实验室（iN.LAB），提供一个有利于发挥创造性的环境，使从事继续教育与培训的合作伙伴和从业人员可以合作、实验、应用和发明具有创新性的教学及前沿性的学习方案。

（9）推行更加系统化的基于职场真实环境的学习，使学员能够立即应用所学技能。劳动力发展局将与培训机构、行业领导机构和业界一起，合作开发更多的在职培训课程，其中包括针对理工学院和工艺教育学院应届毕业生的课程。

《应用学习教育检讨委员会报告书》和《继续教育与培训2020总蓝图》，共同代表新加坡技术与技能未来发展的愿景。如果不对未来20年的奋斗目标做出部署，新加坡过去50年的技术教育历史将是不完整的。这在理念和实施层面都具有革命性和前沿性，正如我们在1995年至2015年期间进行的技术与职业教育及培训的转型一样。

五、技能创前程计划

李显龙总理在2014年8月国庆集会演讲时宣布，为落实《应用学习教育检讨委员会报告书》和《继续教育与培训2020总蓝图》，成立由三方代表参与的"技能创前程委员会"。新加坡副总理及时任财政部长尚达曼先生担任委员会主席，委员会成员包括25位利益相关者代表，他们来自政府、业界、工会和雇主，以及教育和培训机构等各个部门。技能创前程委员会的使命是推动一项重大而长期的全民行动,培养面向未来的技能,帮助新加坡人民开辟基于熟练技能的未来前程。

尚达曼先生精辟地阐述了技能创前程委员会的愿景目标:

"在下一个发展浪潮中,我们将建立一流的继续教育和培训体系:终身学习。它将教育与工作世界紧密相连,使人们充实自己,增进技能;使职场成为学习的主要场所;让每一个新加坡人发挥出他(她)的最大潜能,从年轻时代直至老耄之年;建设先进经济,确保社会公平。"

技能创前程计划的实施,标志着人们的观念开始发生重大转变。作为一项全民运动,它着眼于成功的更广泛定义,即成功不仅仅局限于与学业成绩挂钩的学术成就;旨在创造一种文化,使每一项工作都受到尊重和嘉奖。它鼓励新加坡人不断追求卓越的知识、应用和经验,超越为学业成绩而学习,转而为精通技能而学习。

开始阶段,技能创前程委员会的工作重点主要在四大领域:

1. 帮助人们做出明智的教育、培训和职业选择

建立一个完整的指导体系,从学校的教育辅导开始,延伸到整个职业生涯,帮助人们做出教育、培训和职业选择。促进政府、业界和教育培训机构的合作,让人们从年轻时代就广泛接触有关职业和行业,并持续为他们提供劳动力市场需求变化的信息。

2. 建立综合性、高质量的教育和培训体系,回应不断变化的行业需求

组织进行教育与培训检讨,确保为年轻人提供广泛而健全的教育,提供丰富的继续教育学习选择,包括发展新专长的机会。

3. 促进雇主重视和基于精通技能的职业发展

敦促雇主参与制定和实施不同行业的技能框架,使人们通过达到不同的技能等级而获得职业进步。

4. 培育支持和颂扬终身学习的文化

技能创前程委员会希望,通过长期坚持不懈的努力,形成一种终身学习的文化。尊重每一项工作的技能,重视人们在自己精通的领域所取得的成就。同时,促使人们养成终身学习的习惯,不管是为了工作还是出于兴趣。

技能创前程委员会的具体计划和举措，其官方网站已有详细的阐述，现列举如下：

1. 制订行业人力计划（SMP）

雇主、工会、教育与培训机构、行业协会和政府同心协力，明确不同行业当前及未来的技能需要，制订一个系统的人力计划，在本地劳动力中培养这些技能。每一个行业人力计划将考虑到行业前景和未来发展及其所需的人力和技能，包括因技术进步和其他大量的驱动因素而产生的新的需要。阐明和提出清晰的职业发展途径，紧密结合教育、培训和职业发展，确保学习和工作之间具有更大的流动性。行业人力计划还将制订吸引、留住和发展该行业人才队伍的计划。

开始阶段，行业人力计划将重点放在人力需求更加迫切的行业，例如健康护理、幼儿保育与教育、社会服务。计划的重点还放在生物制药等提供令人兴奋的工作机会并需要一大批工人的新兴行业，以及零售和餐饮服务等面临重大人力资源挑战的行业。

2. 加强教育与职业指导

教育部和劳动力发展局将协调整合全国各公共部门机构的力量，并与业界合作伙伴一起，推出更加全面系统的教育与职业指导（ECG）体系。从2015年开始，一年级学生就会得到系统的教育与职业指导，工艺教育学院两年、理工学院三年学习期间，教育与职业指导至少占40—60学时，重点是帮助学生发展技能，做出职业选择，顺利实现从学校到职场的迁移。教育与职业指导的学习目标纳入目前的学业课程和相关职业专题课程，以及一些课外活动，包括企业浸濡、讨论、研讨会、单独和小组辅导。新加坡本地大学也将与业界专业人士建立紧密联系，提升目前的职业指导服务，使学生具备更丰富的职业和行业知识。

因此，技能创前程委员会需要招聘和培训更多的教育与职业辅导员。每所理工学院和工艺教育学院配备6名辅导员，每5所中学、初级学院和高级中学配备1名辅导员，总数将接近100人。辅导员除了在中学、理工学院和工艺教育学院工作以外，还要与业界及政府部门合作，获取有关劳动力市场和行业趋势的资讯，指导学生学习和职业选择。

劳动力发展局将针对不同劳动力人群的需求，继续开展职业与培训咨询服务，通过劳动力发展局职业中心、一站式职业服务中心（CaliberLink）

提供个性化服务，或者通过更多自助式的途径，为人们提供促进职业发展的相关资源，例如"职业信息库"（www.jobsbank.gov.sg）和"劳资政三方在线求职平台"（www.careerresource.sg）。

教育与职业指导的从业者需要具备必要的职业辅导、指导和咨询能力，以及提升工作技巧的培训机会。为此，技能创前程委员会将针对他们推出系统化的能力培训课程。

为支持教育与职业指导工作，技能创前程委员会将建立一站式在线网络平台，从2017年开始分阶段上线，提供适合用户的分析与评估工具及资源，以及教育、培训和不同年龄阶段的职业选择等信息。"个人学习档案"网络平台通过在线心理测试和技能储备评估工具，使人们更好地了解自己的长处和兴趣，从而对职业与终身学习进行自我管理。这些网络工具，将帮助人们了解自己的职业兴趣、技能信心和工作价值，促使人们进行探索并做出决定。在线网络平台具有智能化地进行工作配对和推荐培训的功能，把个人与相关行业、职业以及"职业信息库"联系起来。它还将建立一个集自助获取资源、劳动力市场信息和政府补贴培训课程于一体的资源库，帮助人们决定是否应待在某个行业，是否应改换职业，或者更新自己的技能，进入新的领域或者相近领域工作。

3. 增强学生的学习体验

未来两年，学校辅导员和课程经理将加强实习课程，理工学院三分之二课程、工艺教育学院半数课程实施加强版实习计划。到2020年，全部课程实施加强版实习计划。在实习期间建立明确的学习目标，支持开展系统化的活动。这可能意味着要进行课程调整，更好地整合实习与课堂教学；延长实习时间，更好地促进学习和技能应用；进行订单式实习，满足接收企业的需要。本地大学也将改进课程和实习，不断调整实习计划，以适应行业需求。

2015年3月，"技能创前程在职培训计划"推出。这个工学结合的培训计划为理工学院和工艺教育学院应届毕业生提供工作配对，选择与学科相关的合适雇主。他们将接受系统的职场培训和指导，并参与企业项目，从而深化所学技能。参与的雇主将从中受益，比较容易招聘到本地新人才，并对其进行职前培训；而参与的学生可望获得行业认可的技能证书、具有竞争力的起薪和5000美元的入职奖金，以及该企业清晰有规划的职业发展路径。

截至 2015 年 3 月底，共 61 名雇主报名参加了"技能创前程在职培训计划"，提供分布在 8 个行业的近 150 个岗位。例如餐饮服务、游戏开发、物流、信息通信技术、船舶与海洋工程、零售、精密工程等。该计划的最终目标是让三分之一的理工学院和工艺教育学院毕业生受益。

为了让更多学生具有海外实习经历，为未来面向全球的事业做好准备，"青年人才培育计划"的学生对象将扩大，除了目前仅仅惠及本地大学生，所有的理工学院和工艺教育学院学生也将得到资助赴海外实习。

4. 提供学习津贴和奖励

在庆祝新加坡独立建国 50 周年之际，政府成立了"技能创前程金禧基金"，启动对技能创前程这项全民运动的支持。这项基金包括来自雇主、工会和公众的捐款，同时政府按 1:1 等额为基金注资。"金禧基金"将用于"技能创前程专才计划"，嘉奖和培训在工作中通过丰富经验而获得精深技能的新加坡人民。每份奖学金包括 1 万美元现金奖励，支持人们在各自领域追求技能精益求精。获奖者必须在帮助他人发展技能方面有过良好的业绩记录，并可望能够继续保持下去。他们将成为一群"伙伴"，成为追求精益求精的技能的榜样。从 2016 年起，政府每年将提供 100 份技能创前程专才奖学金。

表现突出的模范雇主也将获得非现金形式的"技能创前程雇主奖"，以表彰他们在投资员工培训、支持技能创前程计划、为员工提供基于技能的职业发展途径等方面做出的卓越贡献。

政府为每一位年满 25 周岁及以上的公民建立技能创前程帐户，用于深化现有技能以及拓宽视野。每位公民首次将获得 500 美元补贴，之后每年按年度发放。这些补贴没有使用限期，可用于缴纳培训课程费用（仅用于个人参加教育和培训）。培训课程包括劳动力发展局资助的课程，教育部资助的高等教育机构（包括理工学院和工艺教育学院）提供的课程，以及选修新跃大学、拉萨尔艺术学院和南洋艺术学院的课程。在不久的将来，其他公共机构也将参与进来，支持开发培训课程。

政府还提供高达 5000 美元的"技能创前程进修奖"，支持那些特别是处于职业生涯早期到中期的人们，在具体职业领域发展和深化技能，满足未来经济增长和社会需求。技能创前程进修奖也支持具有深厚专业技能的人们发展商业、跨文化技能等其他能力。在开始阶段，该奖项覆盖先进制造、新一代物流、健康护理、金融服务等行业，之后将分阶段地发放奖金，到中期阶段最多将达到2000份。

为了帮助职业生涯中期的新加坡人民提升与更新技能，以适应职场变化的需要，中学后教育机构将会提供更多基于技能的模块单元课程，这些课程将达到文凭、文凭后和大学本科水平。在职成人将能够获得相关技能，而不必去追求完全的职业资格。但是，他们也可以通过组合学习几个模块化课程，获得完全的职业资格。到2015年末，理工学院和大学提供的专业领域模块课程将超过300门，例如数字取证与调查、船舶与海洋工程、功能基因组学、辅导及咨询技巧等。

此外他们还可以获得补贴，从2015年10月开始，进入职业生涯中期的人在进行培训时可能会面临更多的机会成本，以及工作和照顾家庭方面的竞争型需求。40岁及以上的人们享受的补贴会更高，教育部资助的课程至少可享受90%的费用补贴，劳动力发展局支持的课程最高可享受90%的费用补贴。

5. 支持中小企业

为帮助中小企业应对人才招聘和再培训带来的不断挑战，并确保本地的专业、管理和行政人员（PME）被中小企业高薪聘用——他们是未来的劳动力主力军，政府实施"入职培训计划"（P-Max）。该计划的管理者是中小企业协会（ASME）和新加坡全国雇主联盟（SNEF），他们也负责管理面向中小企业和专业、管理与行政人员的"在职培训计划"（PnT）。实施这些计划，目的在于筛选并推荐那些正在求职的专业、管理与行政人员进入合适的中小企业工作岗位，并帮助企业更好地招聘、培训、管理和留住新招聘的员工，鼓励企业不断改进人力资源管理实践。

为此，中小企业代表及其新招聘员工都需要参加培训，90%的培训费将由劳动力发展局提供。六个月之后，若企业留住了新招聘的员工，这些中小企业将有资格获得一次性5000新元的补贴。

6. 培养专家和企业领袖

作为促进中小企业发展的政府机构，新加坡标准、生产力与创新局将与一些主要的行业合作，建立技能创前程计划专家库，帮助中小企业开发劳动力潜力。

这些专家包括各个领域拥有精深技能和丰富经验的退休者、职业生涯中期的专业人士和行政人员。他们将指导中小企业采取有效措施，提升劳动工人的技能，提升主管和经理的管理技巧。为了招聘和管理好专家，并把他们与感兴趣的中小企业配对，新加坡标准、生产力与创新局指定一些机构作为行业合作伙伴，例如行业协会、商会和创新中心。这项工作于2015年第三季度开始，力争在两年之内建成200人的专家库。

"技能创前程领袖培育计划"也在紧锣密鼓地进行，支持有远大抱负的新加坡人发展必备的能力，在各自公司里发挥更大的作用、承担更大的责任。他们除了应具备必要的工作经验与能力，也需要接触全球或区域性的主要市场和关键业务。为此，政府将支持企业努力建立和强化内部培训项目，包括派驻海外主要市场和员工跨岗轮换培训。政府还将与行业、高等院校和企业合作，提供相关高质量的领导与管理能力提升课程和项目。

7. 鼓励培训创新

前面已经提到，劳动力发展局成人学习学院将成立创新实验室。创新实验室将提供一个有利的环境，支持从事继续教育与培训的合作伙伴及从业人员努力协作探索、提升自身能力、建立关系网络以开发创新性培训和学习解决方案，使学习者和提供继续教育与培训的团体受益。

技能创前程计划在提交2015年财政预算案辩论时引起了热烈讨论，部长和国会议员们一方面大力支持，另一方面也担心，技能创前程计划的成功单靠政策是不够的。走向成功的关键是，雇主重视员工培训和发展，员工个人对自己的成长具有更强的主人翁意识，所有利益相关者的观念转变要取得巨大突破。

为了解决面临的诸多问题，教育部长王瑞杰概括了即将到来的三大转变，即"精益求精，敬业乐业；终身学习，终身受用；活学活用，学以致用"。

他提醒到，由于过去强调追逐一纸文凭，"技能创前程培训补助"可能会面临一个陷阱，即被用来获取学历、完成指标和得到奖励，而不是培养员工实际工作中真正应用的技能。他引用联合国经济合作与发展组织关于成人技能的一项调查研究：日本工人的技能水平排名很高，但技能在工作中的运用程度却很差；相反，美国工人的技能水平排名虽然不高，但他们在充分应用技能方面却是首屈一指的。因此，雇主和员工必须专注于结果，即学会、精通和运用精深技能，进而提高生产率和工资。

教育与培训机构和职场提供一大批模块化课程，这意味着，人们可以建立自己的学习路径和独特的技能发展路线图。这对新加坡人民可能是一个挑战，因为他们过去习惯于比较固定的路线图。改变对年轻人填鸭式的溺爱，转而为他们铺平道路，使之成为独立自主、机智灵活的学习者，这一点将会变得越来越重要。新加坡人民要抓住无处不在的学习机会，从每一个人做起，终身学习、主动学习。

王瑞杰部长倡导的新加坡人民的第三大转变是，应该超越为了工作而学习，转而为拥抱快乐生活而学习。用他的话说，"对周围世界产生浓厚兴趣，包括自然与文化、运动与探险、充满热情、关爱他人，这是我们追求充实而有意义的生活的源泉"。

财政预算案圆桌会议的成员认为，技能创前程计划的成功主要在个人手中，人们应在企业的支持下，增强自我提升的责任感。

大家一致认为，教育新加坡人民认识到自我提升的重要性，不是一两年之内就能达到的目标，而是需要经过多年坚持不懈的努力才能实现。特别是对于还没有建立系统化人力资源发展战略的小公司，技能创前程计划效益的凸显尚需时日。政府需要思考，如何帮助这些企业解决人力紧张等迫在眉睫的问题，因为这可能会成为他们参与技能创前程计划的障碍。

美国宾夕法尼亚大学管理学教授彼得·卡普利（Peter Cappelli）也认为，调动雇主的积极性会很困难，尽管这非常重要。他在《海峡时报》撰文指出，有些国家的雇主抵制培训计划，因为他们认为这太麻烦。卡普利教授强调，除了提供财政激励以外，至关重要的一点是要简化行政程序，不要让雇主在繁文缛节和条条框框面前望而却步。

不可否认，技能创前程计划仍然存在需要克服的缺陷，具体实施也需要统筹推进。然而，维持教育和技能培训的现状也许将带来灾难性后果。在2015年财政预算案辩论的演讲中，王瑞杰部长开宗明义地指出新加坡面临的选择，现摘录如下：

"我们有两个选择。我们可以继续走'书本学习'的道路，狭隘地专注于成绩和考试，在追逐一纸文凭和拓展行业培训之间不停地原地打转。雇主不愿投资员工培训，仅凭学术文凭决定是否聘用员工。教师关心教学和考试，把学生获得最好的考试成绩作为自己的职责。家长纠结于学习成绩，花费越来越多的资源，想使孩子比别人更具优势。学生忙着追逐升学，把大部分时间花在非常狭窄领域的学习和提升上。迫于社会压力，教育系统炮制出擅长考试的学生，他们却无法胜任未来的工作，也没有成就感。失业或待业无处不在。每个人的前景都每况愈下。

这是一条严峻冷酷之路，但可悲的是，其他社会已经如此走过。

说不定，我们可以有另外一条路。我们可以大胆地行动起来，下定决心开辟新路，着手进行重大变革。我们需要凝聚雇主、老师、家长和学生以及全社会的共识和行动，雇主突破学历局限去招聘员工，提携胜任工作的最佳人选；上司支持员工提升技能；教育工作者关注全人教育，树立牢固的价值观和学习能力基础；家长重视发展每一个孩子的特长，培养孩子的品格；学生通过一系列的学术和课外活动而茁壮成长，沿着不同的途径走向成功，全面发展；经济增长保持弹性和灵活性，拥有高水平的就业和大量机会——高技能、高生产率、高工资。我们的社会和人民继续充满关爱、和谐、亲切和凝聚力，我们不把教育视为孩子们之间的竞赛。

这是一条世人还没有走过的路，需要我们再次成为先驱者，去开辟新天地。"

技能创前程计划是一项宏伟而艰巨的事业，毫无疑问在实施过程中也会面临挑战。然而，它也许终将被证明是新加坡的秘密武器，使新加坡融入不断变化的全球经济并保持竞争力。

技能创前程计划即使只取得部分成功，新加坡都将再一次向世界指明道路，国民终身学习、不断提升和更新技能，以跟上经济、技术和社会快速变化的步伐。其结果将带来一个繁荣富强的社会，并一代传一代地增值，实现国家经济增长和个人成就的良性循环。

第十章

关键政策建议

回顾过去五十年新加坡技术与职业教育及培训的发展历程，诸多经验教训便从中凸显出来。人们可以从本书前面各章的叙述中追寻其轨迹。

一、为就业、现在和未来而学习

1959年6月人民行动党上台执政的时候，在千头万绪之中，政府面临着年轻人高失业率的严峻考验。鉴于当时新加坡高生育率、生活在社会边缘的人几乎没有受过什么教育等畸形人口特征，如果政府不能快速创造工作机会，将带来潜在的社会问题。作为解决这一难题的因应之策，政府果断做出走快速工业化道路的战略决策，以创造大量的劳动力需求。同时广泛开展技能培训，以满足工业型工作的需要。

英国殖民统治时期重点培训书记员、打字员和簿记员从而为商业化经济服务的做法被摒弃，代之以机械加工、木材加工、电气布线和机械制图等培训。初期，政府并不羞于请求各种外来援助，但这些外来援助并不是现金形式，而是以提供培训与教学设计专家的方式进行，使本国员工在这些专家的指导下不断更新知识。

把技术与职业培训跟市场需求紧密结合起来的政策始于1959年，而且一直都是技术与职业教育及培训各项政策的基石。实际上，在经济发展局的指导下，培训课程在一定程度上往往领先需求。经济发展局洞悉新加坡工业化早期需要重点发展的行业，据此制订相应的培训计划，培养满足未来需要的训练有素的人力。这些具有前瞻性的政策，使很多企业在短时间内达到高效率生产，并激励其他企业纷纷仿效。

如今，所有的工艺教育学院和理工学院都成立了强有力的行业咨询委员会，持续就学生质量与品格、课程开发、设备设施、企业实习、就业等提供反馈意见。工艺教育学院的DACUM[①]课程开发方法，要求将课程文件送请企业征求意见，并经企业代表签署。

行业企业代表参加学生毕业典礼并致辞激励学生，也是司空见惯的现象。企业赞助授予学生奖牌和奖金。校企合作还包括：企业赞助或捐赠设备，提供奖学金、企业项目，创建真实学习环境。企业也为教师提供实习机会，使他们更好地了解企业需求，更新知识，跟上最新需求和市场趋势。

以市场为导向是技术与职业教育及培训的大前提。尽管大约有30%的课程也许被视为软技能，它们也是工作和职业生涯发展中所必需的，例如团队合作、沟通技巧、解决问题的能力和职业道德规范。

二、坚实的中小学教育基础

我们花了不少时间（直到20世纪90年代初期）才逐渐认识到，学生进入技术与职业教育及培训之前至少需要经过10年正式的中小学教育，以便打下坚实的语言和数学基础。在此之前，辍学者和学业成绩很差的学生被送去接受技术与职业教育及培训，这对学生和整个教育体系都没有任何好处，导致毕业率很低，而且给技术与职业教育及培训体系的声誉带来负面影响。

进入技术与职业教育及培训之前必须经过至少10年基础教育，这是一项彻底的政策转变。技术与职业教育及培训不再被视为学术失败者可怜的替代选择，而是与其他途径一起，开始成为一个正当合理的中学后教育选择，尤其适合那些具有一定特长和需求的学生。消除早期的不良影响花了我们很多年时间，但遗憾的是，在很多发展中国家，技术与职业教育及培训的地位仍然处于最低层，这给学生带来了极坏的影响，也给他们的雇主带来了伤害。

---

① DACUM（Developing a Curriculum）是通过组建核心小组，分析职业岗位的职责、任务及其必须具备的知识、技能和素质，进而开发课程的方法。这种经济有效的方法可对任何一种工作进行有效而彻底的分析。——作者原注

三、清晰明确的教育目标

新加坡的中学后教育具有目标清晰和弹性灵活的特点。申请入读工艺教育学院、理工学院、初级学院和大学的学生，他们都很清楚地了解其教育性质、技能水平和预期学习成果，以及将来可能从事的工作和职业性质。当然，他们也知道有一座教育"立交桥"，允许他们在达到相应标准的前提下，通过竞争可以进入下一层次的教育。

同时，各个学院在课程调整、招生录取等方面有充分的自主权，以因应现实情况和市场需求的变化。其中包括跨学科综合课程、企业实习、海外实习、问题启发式教学和企业家精神培养。跨学科综合课程有信息通信技术与商业、设计与制造、电子与机械、法律与经济等。

对学校教育政策、中学后教育和高等教育课程的迅速调整，使得毕业生就业率接近90%，即使在每十年一轮的经济结构持续转型的情况下，也是如此。

四、先进优越的校园设施

来新加坡3所工艺教育学院和5所理工学院的参观访问者，无不为其规模、设计和设施而惊叹。在发达国家，这样的校园通常不会和技术与职业教育及培训院校联系到一起，而是让人更多地联想到大学。

这些校园通常都是请国际知名的建筑师进行总体规划设计。例如，淡马锡理工学院由英国伦敦詹姆斯·斯特林（James Stirling）和迈克尔·威尔福德（Michael Wilford）设计，南洋理工学院由美国建筑师格瓦思·米西格尔·考夫曼（Gwathmey Siegel Kaufman）设计，共和理工学院由日本建筑师桢文彦设计。工艺教育学院也是由本地具有全球影响力的顶级建筑师设计，其中东区学院、中区学院和总部由新加坡雅思柏建筑师事务所（RSP）设计，西区学院由新加坡缔博建筑师事务所（DPA）设计。

除了标准的教学设施（报告厅、实验室、车间、教师办公室和餐厅）以外，每个学院都有独具特色的体育设施、演播室、艺术及文化活动剧场、大型礼堂、媒体工作室、商店、餐厅、旅行社，以及很多其他专门设施。体育设施包括奥运会标准的游泳池、室内球场，可以开展足球、橄榄球、曲棍球、攀岩等运动的综合体育馆，等等。淡马锡理工学院有人造草皮曲棍球场，还可以在邻近的水库进行皮划艇和环湖越野比赛，他们对此颇为自豪。

大多数学院都靠近地铁站等交通站点，可以乘公共交通工具方便地到达。

淡马锡理工学院邻近勿洛水库，如果评选全球最美理工学院，他们可以轻而易举地摘取桂冠。学院环绕马蹄形的中心广场而设计，有花园、观赏鱼池、喷泉和色彩绚丽的走廊，与人们心目中对一所理工学院的传统印象形成了鲜明反差。

各学院建立了一批卓越的科技中心，例如IT安全、生物技术、烹调技艺、机器人中心等，均与领先的业界伙伴合作共建。学生生活在这样的校园环境中，课外活动丰富多彩，从社会服务到合唱团，从舞蹈队到龙舟赛。因此，同学们对大量的校园活动应接不暇，几乎不会发生什么纪律问题。

由于拥有如此先进齐备的设施，工艺教育学院和理工学院的学生在各种区域性和国际性比赛中大放异彩，就不足为怪了。例如足球、田径、游泳、世界技能大赛，以及其他一些赛事。这些又反过来进一步提高了学院的声誉，吸引那些志趣相投的学生加入学院。

五、慷慨实在的政府支持

新加坡独立建国以来，政府一直在不断增加技术与职业教育及培训的规模和经费投入。其他很多国家虽然认识到技术与职业教育及培训对经济增长和社会发展的重要性，实际行动和经费投入却口惠而实不至。不仅经费投入不足，而且缺乏优良师资和教师职业发展路径，过分依赖兼职教师。校长和老师从不接受培训提升，也几乎没有企业工作经验。

新加坡工艺教育学院和理工学院是政府法定单位，职员薪资标准与政府公务员相当。学院有适宜的评价体系、职业发展规划、技能与知识提升、定期检讨机制，能够保持整体竞争力。毕竟所有的教师都是从企业招聘进来的，他们的报酬和福利应该具有市场竞争力。

在经费预算方面，政府承担学院基建、设施、设备等所有的基本建设费用。学院日常运行经费和人力成本的80%—85%由政府拨款，15%—

20%来自学费收入。尽管如此，政府还有定期的经费拨款增长，与工资及运行成本的增长相适应。

每个学院（指最新成立的3所理工学院和工艺教育学院的3个校区）在基建和设备方面大约投入了2—3亿美元。此外，每个校园的设计都成为建筑设计的样板。在规模方面，每所工艺教育学院能容纳大约8000—10000名学生，每所理工学院能达到13500名学生规模。因此，每个校园都有巨大的规模经济效应，可以兴建诸如礼堂、体育馆和学生中心等设施，这在小规模的校园是做不到的。

政府支持不仅仅是经费拨款，还在于任命社会贤达和经验丰富的人士组成学院的董事会，以保证学院的高水平管理和清正廉洁，充分满足业界需求。董事会通常由雇主、行业协会和政府部门等三方的代表组成。资深商界人士参加这些学院的董事会，这对技术与职业教育及培训的预期标准向公众发出了一个强烈信号。

六、性别平衡与形象声誉

新加坡技术教育的一个重要特征，是吸引了相同比例的男女生就读各个学院。这是因为，这些学院开设的课程非常广泛，并不仅限于工程与技术等硬技术学科。商业、应用科学、健康护理、媒体、通信、信息通信技术、旅游与酒店、食品科技、法律等课程，对男女生都有吸引力。即使是工程学科，女生比例也达到约40%，因为有相当数量的工作不需要户外作业，例如工程设计、计划与控制、建筑管理等。

男女生性别比例的平衡有助于开展大量多样化的校园活动，使校园氛围更加充满活力，也使商业和工业的人力分布不至于失衡。更重要的是，对年轻人而言，传统的技术教育定义得以焕然一新，变得更加包容、更加丰富、更加多样化和令人振奋。

七、开放的教育"立交桥"

新加坡技术与职业教育及培训成功的一个关键因素，是渗透到整个教育体系中的教育"立交桥"。人们不管从哪一个层次的教育开始，都会有通向更高层次的路径，学习技能和知识。这类学习可以是全日制，也可以是非全日制。获得理工学院的文凭，可以修读高级文凭、专业文凭、大学学位。获得工艺教育学院证书，可以修读理工学院文凭课程，假以时日也可以攻读大学学位。

没有一种学历应被视为终点。很多技术与职业教育及培训的毕业生已经获得海外博士学位，然后回校担任讲师。

教育"立交桥"体系极大地激励了学生，鼓舞他们努力学习，刻苦训练。优秀学生还可以获得奖助学金资助，不断地提升自己。

八、真实与创新的学习环境

对于学术能力较弱而善于动手和形象思维的学生，往往需要采用不同的教学方法。技术与职业教育院校对此尤为擅长。纵观整个校园，由学生经营的咖啡厅、餐厅、厨房、零售商店、银行、旅行社比比皆是，甚至还有半导体芯片无尘室。学生利用这些机会，充分展示创造性和想象力，进行跨学科小组学习，增强早日适应工作环境的自信。

教学法创新也多种多样。淡马锡理工学院和共和理工学院采用"问题启发式教学法"，南洋理工学院是为学生开发"企业项目"的专家，新加坡理工学院的"设计思维"久负盛名，义安理工学院的艺术管理引人注目。如此林林总总的教学法创新之所以能够取得成功，是因为各个学院在课程改革、评价方式、文凭颁发等方面有充分的自主权，不需要进行标准化的考试或成绩评定。然而，每个学院都会恪守其高标准并被业界接受。政府每年公布毕业生就业数据和起薪水平，使各学院之间很容易进行比较，以确保每个学院的文凭含金量都保持高水准，不容贬值。

每届学生大约有 50% 在学习期间可以获得至少一次海外培训的机会，一般是到海外公司实习，为他们提供一次许多人不会有的经历（除非人们自行去海外）。

九、深度紧密的校企合作

每所学院都与商业及工业界保持紧密合作。业界代表被委任为学院董事会和各种咨询委员会的成员，向学院的高级管理层提供指导和联系。他们参加人力资源或行政管理委员会，负责职员招聘、薪酬与激励政策等事项的决策，因此对学院聘任讲师的任职资格与工作经验有发言权。他们参加审计与财务咨询委员会，审批财务制度并确保符合财务规定。

更重要的是，正如前面提到的，商业及工业界为学生和讲师提供实习场所，帮助开发职业标准，建立卓越的训练中心，并通过各种方式提出建议。

因此，学院和雇主之间的这种紧密联系，确保学院能够预见现实世界的变化趋势并做出反应；确保毕业生能达到雇主期望，既符合当前即时要求，又能满足未来预期需求。

十、理工学院的相互竞争

5所理工学院自主办学，每所学院平均开设约50个不同的文凭课程，相互之间存在着激烈的生源和师资竞争，形成了持续创新和改进的态势，为学生及业界合作提供服务。5所理工学院尽管同属教育部一个保护伞，政府财政资助一视同仁，但也存在与学生及毕业生质量相挂钩的不成文的竞争秩序。

这种内部竞争精神，使任何自满情绪或安于现状的心态得以消除，教育教学改革的新点子和试验源源不断地涌现。当一个新想法取得了不错的效果，很快就会被其他学院采用，"先行先试者"（first-mover）的市场优势不会超过一年。

理工学院之间的竞争不仅仅在于谁能通过最好的教学方法和技术取得最佳教学成效，还在于学生个性发展、社区服务、服务学习、全球视野和文化素养，以及对不断变化的未来的准备。不管是教育、艺术或体育，每所学院都有自己独具创造性的吸引学生的方法，调动学生的积极性和主动性，培养学生的公民责任意识。

理工学院拥有根据本学院的课程和标准自主颁发文凭的权力，这表明政府高度信任各学院，使他们不会受到诸如标准化课程之类的干预而束手束脚，从而能够不断走向繁荣昌盛。

十一、技术与职业教育及培训纳入中学后教育

新加坡吸取了一个有启发性的经验教训，即技术与职业教育及培训需要有中学后教育的身份和品牌，这与瑞士和德国的模式非常相似。技术与职业教育及培训不应该是囊括辍学生的教育。这个教训来之不易。早期，职业教育与培训面向学术能力差的辍学生，这样的政策已经使很多届学生受到了影响。

早期这种做法只会导致全盘皆输：学生把职业教育与培训作为最后的无奈选择，因而没有学习动力；职业院校则认为学生的语言和数学能力不合格；最后，雇主对毕业生的质量也不满意。同时，职业院校退学率之高，清楚地表明这是对稀缺的人力资源的一种浪费。20世纪90年代早期，这种局面得以扭转。政府实行每个人都必须接受10年中小学教育的强制义务教育政策，并成立了作为中学后教育学府的工艺教育学院。于是，每届学生90%可以进入中学后教育，其中65%进入理工学院或工艺教育学院，25%进入初级学院然后升入大学。

十二、整体人力资源规划

职业与技术教育委员会（贸易与工业部部长任主席，各部部长为成员）负责审批中学后教育学额的整体规划，大体上确定工艺教育学院、理工学院和各大学二级学院的学额。私立教育机构可以围绕国家的总体目标，根据自己的优势开设各种课程。这样，经济发展的长远目标、投资流动和人才培养得以超前衔接。考虑到教育与培训的时间滞后性，这样做是非常重要的。

最近，随着全球经济和劳动力市场的波动加剧，就业及失业人士的新技能再培训已经十分紧迫。因此，政府推出了关于技能提升和培训的相关政策，激励那些受到影响的人们积极参加再培训。继续教育与培训这个新的老话题又得以迅速普及，因为企业和个人都需要加快步伐，在新加坡的全球化经济中得以生存。

经济发展战略和人力资源规划双轨并行，职业教育与培训的管理者深谙这些策略。因此，整个过程并非自上而下的指令，这些教育机构的反馈也不可或缺。

十三、优秀专业人才负责实施

制定政策并通过立法相对容易，但政策的成功落地必须依靠能干胜任的专业人才。遴选雷厉风行的学界领袖，是新加坡教育景观的重要方面。每一所学院都有一批坚定而热情的人们，他们凭借卓越的才能和执行力，领导、规划和贯彻国家总体政策意图。过去几十年的经历表明，在每一个层级，正确评估个人能力、制订良好的接班人计划，这一点至关重要。无论人们的种族、语言、宗教，唯才是举，不拘一格降人才，这的确是新加坡最大的优势和长处之一。

结语

新加坡技术与职业教育及培训的发展之路多姿多彩，令人激动。它以谨慎试验和大胆决策为特色，以创造就业和人的发展为使命。然而，旅程并未结束。随着世界经济迈向不可预测的波动与动态变化的新阶段，新加坡也必须足够灵敏地改变航向。单一技能不足以保证终身就业能力。反之，拥有一套技能组合和因应形势变化的学习能力将非常重要。这是一个全新的范式，新加坡下一阶段在这个领域的发展才刚刚开始。

然而，人们可以持乐观态度的是，新加坡正从一个占有优势的起点开启新征程。当下一部新加坡技术与职业教育及培训的发展史写就的时候，它将会记述又一个独一无二的改革故事。我希望，这将会在25年之内成真，而不是50年。

参考文献

Chan Chieu Kiat et al. (1961), Report of the Commission of Enquiry into Vocational and Technical Education in Singapore, State of Singapore.

Chesseman, H.R. (1938), Report on Vocational Education in Malaya.

Chiang, Mickey (1998), "From Economic Debacle to Economic Miracle", 1998, Ministry of Education, Singapore.

Dobby, E.H.G et al. (1953), Report of the Committee on a Polytechnic Institute for Singapore, State of Singapore.

Gan Kim Yong et al. (2006), Report of the Polytechnic-School Review Committee: Expanding Applied Learning Options, Government of Singapore.

Goh Keng Swee et al. (1979), Report on the Ministry of Education, Government of Singapore.

Gopinathan, S. (1999), Preparing, for the New Rung;Economic Restructuring and Education Reform in Singapore.*J Education and Work.* **12**(3). 295–308.

Institute of Technical Education (1994), Improving Worker Training: Report of the CET Review Team.

Institute of Technical Education (2012), Reliving ITE's Transformation, ITE Singapore.

Kynnerseley, C.W.S. et al. (1902), Report of the Commission of Enquiry into the system of English Education in the Colony.

Law Song Seng (2008), Vocational Technical Education and Economic Development: The Singapore Experience. In Lee S.K., Goh C.B., B. Fredriksen, Tan J.P. (eds), *Towards a Better Future: Education and Training for Economic Development in Singapore Since 1965* (pp.114–134).

Washington DC, The World Bank.

Law Song Seng (2015), A Breakthrough in Vocational and Technical Education, The Singapore Story, World Scientific and Institute of Policy Studies, Singapore.

Lemon, A.H. et al. (1919), Report of the Committee on Technical and Industrial Education in the Fedsrated Malay States.

Lim Kok Hua (1988), The Ngee Ann Story: The First 25 Years, Ngee Ann Polytechnic.

Lim Swee Say (2011), Surviving the Great Recession, in *Heart Work* 2, Economic Development Board, Singapore.

Shelley, R.A. et al. Report of the Review Committee on Technical Education in Secondary Schools, Ministry of Education.

Singapore Polytechnic (2005), Opening Minds, Shaping Lives, The Journey of Singapore's first Polytechnic, Singapore Polytechnic.

Tan, Sumiko (2004), First and Foremost: Training Technologists for the Nation: Forty years of the Singapore Polytechnic.

Technical Education Department (1971), Education and Training of Engineers, Technicians and Graftsmen and Operatives in Singapore, Ministry of Education, Singapore.

Toh Peng Kiat (1968), The Scope of Vocational and Technical Education in Singapore, Economic Research Paper 1/68, Ministry of Finance, Singapore.

Tucker, Mark. (2012), The Phoenix: Vocational Education and Training in Singapore. Washington DC: National Centre on Education and the Economy.

Vocational and Industrial Training Board (1991), Upgrading Vocational Training, VITB, Singapore.

Winstedt, R.O. (1917), Report on the Vernacular and Industrial Education in the Netherlands, East Indies and the Phillipines.

Winstedt, R.O. et al. (1925), Report of the Technical Education Committee.

Yip, John, et al. (1991), Report of the Review Committee on Improving Primary Education.

译名对照表

（按中文笔画排序）

《五一年刊》May Day Annual
《全国职工总会周刊》The NUTC this week
《经济学人》The Economist
《海峡时报》The Straits Times
《新加坡人》The Singaporean
人力发展标准 People Developer Standard（PDS）
人民协会 the People's Association
人民行动党 People's Action Party（PAP）
工艺教育学院 Institution of Technical Education（ITE）
工艺教育学院中区学院 ITE College Central
工艺教育学院东区学院 ITE College East
工艺教育学院西区学院 ITE College West
工艺教育学院教育服务公司 ITE Education Services Pte Ltd
工业训练局 Industrial Training Board（ITB）
工业技师证书 Industrial Technician Certificate（ITC）
工会 Trade Union
工商管理学院 Institute of Business Administration
大众汽车 Volkswagen
大众钢铁厂 National Iron and Steel Mills
大学升学渠道委员会 Committee on University Education Pathways（CUEP）
小学离校考试 Primary School Leaving Examinations（PSLE）
个人学习档案 Individual Learning Portfolio
义安公司 Ngee Ann Kongsi
义安技术学院 Ngee Ann Technical College（NATC）
义安学院 Ngee Ann College
义安理工学院 Ngee Ann Polytechnic（NP）
飞利浦政府培训中心 Phillips-Government Training Centre
马来亚大学 the University of Malaya
马来亚技术协会新加坡分会 Singapore branch of the Technical Association of Malaya
马里士他 Balestier
马里士他初级技术学校 Balestier Junior Technical School
马里士他职业学校 Balestier Trade School
王鼎昌 Ong Teng Cheong
王瑞杰 Heng Swee Keat
天主教会 Catholic Mission
日本国际合作署 Japan International Cooperation Agency（JICA）
日本横河工程公司 Yokogawa Engineering
日新软件技术学院 Japan-Singapore

Institute of Software Technology
（JSIST）
日新培训中心 Japan-Singapore Training Centre（JSTC）
日新培训学院 Japan-Singapore Training Institution（JSTI）
中小企业 Small and medium enterprises（SME）
中小企业人才培育计划 SME Talent Programme
中小企业协会 Association of Small and Medium Enterprises（ASME）
中央发动机厂 Central Engine Works
中华女子职业学校 the Chinese Girls' Vocational School
中等教育证书 Certificate in Secondary Education（CSE）
中等教育促进工人提升计划 Worker Improvement through Secondary Education（WISE）
公共服务署 Public Service Division（PSD）
勿洛 Bedok
丹尼斯·希利 Denis Healey
丹戎加东 Tanjong Katong
丹麦奥尔堡理工学院 Denmark's Tech College Aalborg
文化部 Ministry of Culture
文凭课程 diploma programme
巴西班让 Pasir Panjang
巴登-符腾堡州 Baden-Württemberg
巴黎工商会 Chamber of Commerce and Industry of Paris（CCIP）
世界技能大赛 World Skills Competition
艾什民主治理与创新中心 Ash Center for Democratic Governance and Innovation
艾哈迈德·玛达 Ahmad Mattar

布鲁斯 Bruce Poh
平均绩点 Grade-Point Average（GPA）
东陵 Tanglin
东盟技能大赛 ASEAN Skills Competition
卡耐基基金会 Carnegie Foundation
卢西恩 Lucien Pyehe
电子与电工技术工程师高等学校 École Supérieure d'Ingénieurs en Électronique et Électrotechnique（ESIEE）
史各士路 Scotts Road
四美路 Simei Avenue
立交桥 bridges and ladders
半失业 under-employed
尼尔森公司 AC Nielsen
加拿大社区学院协会 Association of Canadian Community Colleges（ACCC）
圣·约瑟夫职业学校 St Joseph's Trade School
圣淘沙名胜世界 Resorts World Sentosa
吉布森 AW Gibson
吉隆坡职业学校 Kuala Lumpur Trade School
共和理工学院 Republic Polytechnic（RP）
亚妈宫 Ama Keng
亚逸拉惹 Ayer Rajah
亚瑟·辛格 Arthur Singer
机械工业发展署 Engineering Industry Development Agency（EIDA）
在线教学辅导系统 eTutor system
在职培训 on-the-job training
达达政府培训中心 Tata-Government Training Centre
达达精密工业公司 Tata Precision Industries
列诰 John Nicoll
成人教育局 Adult Education Board（AEB）

成熟员工培训计划 Training Initiative for Mature Employees（TIME）
迈克尔·威尔福德 Michael Wilford
休姆实业（远东）有限公司 Hume Industries（Far East）Ltd
伦敦工商会考试局 London Chamber of Commerce and Industry Examination（LCC）
伦敦大学 University of London
伦敦大学拓展委员会 University of London Extension Board
伦敦中央理工学院 Polytechnic of Central London（PCL）
伦敦城市与行业协会 London City and Guilds
华为国际 Huawei International
华拉保绍 N. Varaprasad
伊夫林 Evelyn Chong
行业人力计划 Sectoral Manpower Plan（SMP）
行业咨询委员会 Trade Advisory Committees（TAC）
全人教育 holistic educational experience
全国学位授予委员会 Council for National Academic Awards（CNAA）
全国职工总会 National Trades Union Congress（NTUC）
全国职工总会雇主代理计划 NTUC-Surrogate Empolyer Programme（NTUC-SEP）
合格证书 Certificate of Competency（CoC）
企业项目 industry-based projects
企业培训援助计划 Enterprise Training Support
创业发展框架 Entrepreneurial Development Framework

多比 Dobby
刘桑成 Law Song Seug
问题启发式教学法 problem-based learning（PBL）
汤姆森中学 Thomson Secondary
设计思维 design-thinking
好望角 Cape of Good Hope
约翰·伊普 John Yip
麦当劳餐厅 McDonald's Restaurants
麦克拉伦 Maclaren
麦佛森 Macpherson
玛丽公主军营 Princess Mary Barracks
玛利斯·斯特拉 Maris Stella
进修奖励计划 Study Award Scheme
技术与职业教育及培训 Technical and Vocational Education and Training（TVET）
技术中学 secondary technical schools（STS）
技术教育 Technical Education
技能升级与更新计划 Skills Programme for Upgrading and Resilence（SPUR）
技能发展基金 Skills Development Fund（SDF）
技能发展税 Skills Development Levy
技能再发展计划 Skills Redevelopment Programme（SRP）
技能创前程 SkillsFuture
技能创前程专才计划 SkillsFuture Fellowships
技能创前程在职培训计划 SkillsFuture Earn and Learn Programme
技能创前程进修奖 SkillsFuture Study Awards
技能创前程委员会 SkillsFuture Council
技能创前程金禧基金 SkillsFuture Jubilee Fund

技能创前程培训补助 SkillsFuture Credit
技能创前程领袖培育计划 SkillsFuture Leadership Development Initiative
技能创前程雇主奖 SkillsFuture Employer Awards
芽笼 Geylang
劳工部 Ministry of Labour
劳动力发展局 Workforce Development Agency（WDA）
劳动力技能认证 Workforce Skills Qualifications（WSQ）
劳斯莱斯 Rolls-Royce
苏伊士运河 Suez Canal
杜尼安 Dunearn
杜进才 Toh Chin Chye
杜佛路 Dover Road
李光前 Lee Kong Chian
李光耀 Lee Kuan Yew
李克赛 Lee Keh Sai
李显龙 Lee Hsien Loong
吴庆瑞 Goh Keng Swee
吴作栋 Goh Chok Tong
男孩镇职业学院 Boys' Town Vocational Institute
财政部 Ministry of Finance
针对性文凭 niche diploma
邱凯柴 Khoo Kay Chai
应用生命周期管理 Application Lifecycle Management（ALM）
宏茂桥 Ang Mo Kio
初级培训计划 Junior Trainee scheme
张志贤 Teo Chee Hean
张赞美 Thio Chan Bee
阿尔伯特．温斯敏 Albert Winsemius
陈庆炎 Tony Tan
陈品山 Peter Chen
陈洪 Chen Hung

纽顿环形广场 Newton Circus
武吉美拉 Bukit Merah
武吉班让 Bukit Panjang
青年人才培育计划 Young Talent Programme
坦克路 Tank Road
拉萨尔艺术学院 LASALLE College of the Arts
拉斯维加斯大学 University of Nevada Las Vegas（UNLV）
英兰妮 Indranee Rajah
英国技术教育委员会 British Technical Education Council（BTEC）
英国城市与行业协会考试 UK City and Guilds Examination
英籍海外华人公会 the Straits Chinese British Association
林日波 Lim Jit Poh
林文庆 Lim Boon Keng
林瑞生 Lim Swee Say
奇特拉 Chitra
奇斯曼 Cheeseman
欧洲直升机公司 Eurocopter
欧莱雅 L'Oreal
欧特克公司 Autodesk
非典 SARS
肯内尔斯雷 Kynnerseley
尚达曼 Shanmugaratnam
国际学生能力测试 Programme for International Student Assessment（PISA）
国际商用机器公司 IBM
国家工艺教育局证书 Nitec
国家工艺教育局证书基础强化课程 Enhanced Nitec Foundation Programme（e-NFP）
国家工业训练委员会 National Industrial

Training Council（NITC）
国家工资理事会 National Wage Council
国家技能认证体系 National Skills Recognition Systems（NSRS）
国家职业技能证书 National Trade Certificate（NTC）
易润堂 Jek Yuen Thong
罗莱政府培训中心 Rollei–Government Training Centre
罗琳达 Linda Low
彼得·卡普利 Peter Cappelli
金文泰路 Clementi Road
金声 Kim Seng
金融学院 Institute of Banking
周桓娴 Chow Wun Han
郑永顺 Tay Eng Soon
法新学院 French–Singapore Institute（FSI）
波士顿惠洛克学院 Boston's Wheelock college
学徒制培训 Apprenticeship Training
学徒制培训联合咨询委员会 Joint Advisory Council for Apprenticeship Training
实笼岗 Serangoon
终身学习学院 Lifelong Learning Institute（LLI）
终身学习探究中心 Lifelong Learning Exploration Centre
经济合作与发展组织 Organization for Economic Co–operation and Development（OECD）
经济发展局 Economic Development Board（EDB）
经济附加值 Economic Value Added（EVA）
经济战略规划 Strategic Economic Plan（SEP）

政务部 Civil Service
政府创意施政奖 Innovations Award in Transforming Government
南中国海 South China Sea
南洋大学 Nanyang University
南洋艺术学院 Nanyang Academy of Fine Arts
南洋理工大学 Nanyang Technological University（NTU）
南洋理工学院 Nanyang Polytechnic（NYP）
南洋技术学院 Nanyang Technological Institute（NTI）
威廉姆斯 DJ Williams
研究与开发 Research and Development（R&D）
品格教育 Character Education
品牌价值指数 Brand Equity Index
品牌形象价值研究 Image Equity Study
品管圈 Quality Control Circles（QCC）
哈佛大学肯尼迪政府学院 Harvard University's John F. Kennedy School of Government
哈鲁丁应用艺术职业学院 Baharuddin Vocational Institute for Applied Arts
哈鲁丁职业学院 Baharuddin Vocational Institute
科廷科技大学 Curtin University
科伦坡计划 Colombo Plan
皇后镇 Queenstown
律政部 Ministry of Law
剑桥考试委员会 Cambridge Examinations Board
美国烹饪学院 Culinary Institute of America
美国惠洛克学院 Wheelock College
首席讲师 Chief Instructor
埃索新加坡私营有限公司 Esso Singapore

Pte Ltd
莱佛士 Raffles
莱佛士学院 Raffles College
莱昂内尔·克莱森 Lionel Cresson
莱蒙 Lemon
荷属东印度群岛 Dutch East Indies
格瓦思·米西格尔·考夫曼 Gwathmey Siegel Kaufman
格拉斯哥大学 University of Glasgow
速成再培训 Fast-track Retraining
特许秘书学会 Chartered Institute of Secretaries
特级国家工艺教育局证书 Master Nitec
借景 shakkei
爱丁堡公爵殿下 HRH the Duke of Edinburgh
爱德华王子路 Prince Edward Road
高级中学 centralized institute
高级国家工艺教育局证书 Higher Nitec
高等专科学校 grande écoles
高等中学毕业证书 High School Certificate（HSC）
高等科技学院 Advanced Colledge of Technology
高等理工学院 École Polytechniques
唐苏柏 Thong Saw Pak
酒店与餐饮培训中心 Hotel and Catering Training Centre
海峡土生华人 peranakans
宾夕法尼亚大学 University of Pennsylvania
课外活动社团 ECA Clubs
谅解备忘录（合作协议）Memorandum of Understanding（MOU）
能力发展津贴 Capability Development Grant
继续教育与培训 Continuing Education and Training（CET）

继续教育与培训技能资格框架 CET Skills Qualification Framework
继续教育与培训咨询委员会 Advisory Council on CET
继续教育与培训总体规划 CET Masterplan
理工学院 Politechnic
理工学院及工艺教育学院应用学习教育检讨 Applied Study in Polytechnic and ITE Review（ASPIRE）
理工学院—海外专业学院合作计划 Poly-Foreign Specialised Institute scheme
教师培训学院 Teachers' Training College
教育与职业指导 Education and Career Guidance（ECG）
教育信托认证 Edu Trust
教育部技术教育司 Technical Education Department in MOE（TED）
教育部—海外专业学院合作计划 MOE-Foreign Specialised Institution（FSI）
教育部职业指导组 Vocational Guidance Unit within MOE
教学工厂 Teaching Factory
职业与工业训练局 Vocational and Industrial Training Board（VITB）
职业与技术教育 Vocational and Technical Education（VTE）
职业与技术教育委员会 Council for Professional and Technical Education（CPTE）
职业治疗 Occupational Therapy
职业学校 Trade School
职业学校 Vocational School
职业信息库 Jobs Bank
职业教育 Vocational Education
职业教育与培训 Vocational Education and Training（VET）
职业群框架 Career Cluster Framework

（CCF）
基础教育技能培训计划 Basic Education for Skills Training（BEST）
基督教青年会 YMCA
菲力普亲王 Prince Philip
副学士学位 associate degree
雪莱 Shelley
曼彻斯特大学 University of Manchester
脱产培训 day-release training
淡马锡理工学院 Temasek Polytechnic（TP）
淡宾尼 Tampines
琴叶集团 Jean Yip Group
提升职业训练检讨委员会 Rivew Committee on Upgrading Vocational Training
博世力士乐 Bosch Rexroth
斯旺 Swan
斯特灵大学 Stirling University
斯特拉斯克莱德大学 University of Strathclyde
联合国开发计划署 United Nations Development Programme（UNDP）
蒂凡那 C. V. Devan Nair
韩国理工学院 Korea Polytechnic
惠普 Hewlett-Packard
集中实习工厂 centralised workshops
奥多比 Adobe
就业与职能培训中心 Employment and Employability Institute（e2i）
就业与职能培训中心蒂凡那学院 Devan Nair Institute for Employment and Employability
就业技能体系 Employability Skills System（ESS）
普通（工艺）Normal（Technical）
普通（学术）Normal（Academic）

曾树吉 Chan Chieu Kiat
港务局 Harbour Board
温士德 Winstedt
裕廊 Jurong
楷博高等教育新加坡分院 Kaplan Singapore
雷玛 V Prema
雷克斯·雪莱 Rex Shelley
跨国公司 MultiNational Corporation（MNC）
微软 Microsoft
詹姆斯·斯特林 James Stirling
詹姆斯库克大学 James Cook University（JCU）
鲍勃 Bob Tan
新加坡ERC创业管理学院 ERC Institute
新加坡大学 Singapore University
新加坡东亚管理学院 East Asia Institute of Management（EASB）
新加坡生产力与标准局 Singapore Productivity and Standards Board（PSB）
新加坡生产力与标准局培训学院 PSB Academy
新加坡市场学院 Marketing Institute of Singapore（MIS）
新加坡成人教育委员会 Singapore Council for Adult Education
新加坡全国雇主联盟 Singapore National Employers Federation（SNEF）
新加坡技术学院 Singapore Technical Institute（STI）
新加坡劳工基金 Singapore Labour Foundation（SLF）
新加坡英华美学院 Informatics Academy
新加坡国立大学 National University of Singapore（NUS）

新加坡制造商协会 Singapore Manufacturer's Association（SMA）
新加坡建屋发展局 Housing Development Board（HDB）
新加坡标准、生产力与创新局（标新局）the Standards, Productivity and Innovation Board（SPRINGSingapore）
新加坡科技宇航公司 ST Aerospace
新加坡科技设计大学 Singapore University of Technology and Design（SUTD）
新加坡科技学院 Singapore Institute of Technology（SIT）
新加坡剑桥"A"水准考试 Singapore-Cambridge General Certificate of Education Advanced Level Examinations（GCE A Level）
新加坡剑桥"N"水准考试 Singapore-Cambridge General Certificate of Education Normal Level Examinations（GCE N Level）
新加坡剑桥"O"水准考试 Singapore-Cambridge General Certificate of Education Ordinary Level Examinations（GCE O Level）
新加坡剑桥普通教育证书Singapore-Cambridge General Certificate of Education（GCE）
新加坡素质评级认证 Singapore Quality Class（SQC）
新加坡素质奖 Singapore Quality Award（SQA）
新加坡理工大学 Singapore Institute of Technology（SIT）
新加坡理工学院 Singapore Polytechnic（SP）

新加坡职业学院 Singapore Vocational Institute（SVI）
新加坡雅思柏建筑师事务所 RSP
新加坡缔博建筑师事务所 DPA
新加坡管理大学 Singapore Management University（SMU）
新加坡管理发展学院 Management Development Institute of Singapore（MDIS）
新加坡管理学院 Singapore Institute of Management（SIM）
新加坡管理学院全球教育中心 SIM GE
新城中学 New Town Secondary
新跃大学 Uni SIM
滨海湾金沙酒店 Marina Bay Sands
塞布丽娜·洛伊 Sabrina Loi
福特基金会 Ford Foundation
福康宁 Fort Canning
碧山 Bishan
赫拉克勒斯 Herculean
蔡厝港林 Choa Chu Kang Grove
模块化技能培训计划 Modular Skills Training（MOST）
槙文彦 Fumihiko Maki
榜鹅 Punggol
豪雅眼镜 Hoya Lens
精密工程学院 Precision Engineering Institute（PEI）
增益课程 enrichment courses
德国葛平根商业学校 Kaufmännische Schule Göppingen
德能中学 Dunearn Secondary
德新学院 German-Singapore Institute（GSI）
霍姆斯格兰理工学院 Holmesglen Institute
魏德海 Eric Gwee Teck Hai

附录：

新加坡教育统计数据

本部分内容系译者编译。主要参考资料：新加坡教育部发布的《新加坡教育统计年鉴（2016）》（Education Statistics Digest 2016）。

一、主要教育指标

1. 升学率

单位：%

升学率 （占小学一年级入学同级生百分比）	2010年	2011年	2012年	2013年	2014年	2015年
小学离校考试[①] 通过考试，进入中学快捷班、普通（学术）班、普通（工艺）班	97.9	97.9	97.9	97.8	97.9	98.3
中学毕业会考 "N水准"考试至少5科及格，或"O水准"考试至少3科及格	87.8	88.9	88.5	88.9	88.8	89.8
中学后升学去向[②]						
工艺教育学院（全日制） 国家工艺教育局证书（Nitec）、高级国家工艺教育局证书（Higher Nitec）课程	20.6	21.0	20.8	22.4	23.6	24.5
理工学院（全日制） 政府资助的文凭课程[③]	46.9	47.5	47.7	47.5	47.3	47.3

续表

大学预科 初级学院/高级中学	27.5	27.0	27.7	28.1	27.8	27.6
大学（全日制） 政府资助的大学学位课程④	26.4	27.7	28.8	29.1	30.0	32.3

注：①小学一年级入学同级生通常都会参加当年考试，各年的数据基于当年参加考试的人数而统计。例如 2015 年，通过小学离校考试进入快捷班、普通（学术）班和普通（工艺）班的学生比例，是基于 2010 年小学一年级入学的学生人数而统计；中学"N 水准"考试至少 5 科及格或者"O 水准"考试至少 3 科及格的学生比例，是基于 2006 年入学的小学一年级学生人数而统计。有的学生中途加入或者离开，因此实际参加当年考试的学生人数与小学一年级入学人数可能会有差异。

②一种课程录取的学生随后可能升入另一种课程，这类学生在两种课程统计中均计入。例如，升入大学的理工学院学生，同时计入政府资助的文凭课程和学位课程学生人数中。国家工艺教育局证书和高级国家工艺教育局证书课程、大学预科课程学生人数的数据基于 10 年前小学一年级入学的学生数而统计，政府资助的学位课程学生人数的数据基于 12 年前小学一年级入学的学生数而统计。

③政府资助的文凭课程由 5 所理工学院、工艺教育学院、拉萨尔艺术学院和南洋艺术学院开设。

④政府资助的学位课程由新加坡国立大学、南洋理工大学、新加坡管理大学、新加坡科技设计大学、新加坡科技学院（后升格为新加坡理工大学）、新跃大学、拉萨尔艺术学院和南洋艺术学院开设。

2. 生师比

学校	2010年	2011年	2012年	2013年	2014年	2015年
小学	19.3	18.6	17.7	16.5	16.5	16.0
中学	16.1	14.8	13.9	13.2	12.5	12.2

注：中学的数据包括政府中学、政府辅助中学、自主中学、自主专科学校（Specialised Independent Schools）和特殊学校（Specialised Schools）。

二、小学、中学及大学预科教育

1. 各级各类学校数（2015年）

学校类型	小学	中学	混合层次①	初级学院/高级中学	合计
政府学校	141	119	4	10	**274**
政府辅助学校	41	28	3	4	**76**
自主学校	0	2	6	0	**8**
自主专科学校	0	1	3	0	**4**
特殊学校	0	4	0	0	**4**
合计	**182**	**154**	**16**	**14**	**366**

注：①混合层次学校包括小学+中学（小学1年级至中学4/5年级）、中学+初级学院（中学1年级至初级学院2年级）。就学校类型而言，混合层次学校的类型根据中学部分的类型而定，其小学部分可能属于不同的类型。例如，如果混合层次学校的中学部分属于自主学校而小学部分是政府辅助学校，上表中所示的类型则为自主学校。

2. 各级学校的学生、教师和行政教辅人员①数（2015年）

	小学		中学		混合层次②		初级学院/高级中学		合计	
	总数	女性	总数	女性	总数	女性	总数	女性	总数	女性
在校生	231933	112786	166573	82198	37010	16991	19181	10388	454697	222363
教师	14566	11817	13467	8710	3056	1876	2016	1184	33105	23587
副校长	296	200	286	143	49	25	26	9	657	377
校长	190	144	156	81	16	9	16	10	378	244
行政教辅	3062	2280	3430	2142	945	594	328	229	7765	5245

注：①行政教辅人员指非教育人员，例如副校长（行政）、行政主管、行政执行人员、教育协作人员（Allied Educators, AED）、技术支持人员、运行主管、运行支持人员和行政辅助员。不含合同制清洁工和保安人员。

②混合层次学校包括小学+中学（小学1年级至中学4/5年级）、中学+初级学院（中学1年级至初级学院2年级）。

3. 各级学校教师的学历、教龄和年龄结构（2015年）

	小学		中学		初级学院/高级中学		合计	
	总数	女教师	总数	女教师	总数	女教师	总数	女教师
合计	14914	12114	15207	9773	2984	1700	33105	23587
学历								
O水准	432	383	110	65	1	0	543	448
A水准/专科文凭	3348	2729	663	495	9	4	4020	3228
学士学位	6025	5044	6320	4378	492	310	12837	9732
荣誉学位	3579	2782	5641	3397	1734	1009	10954	7188
硕士学位	1518	1168	2408	1403	694	353	4620	2924
博士学位	12	8	65	35	54	24	131	67
教龄（年）								
0—4	3867	3030	4744	2982	880	495	9491	6507
5—9	3522	2742	4016	2538	743	424	8281	5704
10—14	3167	2565	2655	1678	581	323	6403	4566
15—19	2129	1776	1746	1032	325	169	4200	2977
20—24	1110	975	808	571	162	85	2080	1631
25—29	460	413	513	394	136	77	1109	884
30及以上	659	613	725	578	157	127	1541	1318
年龄（周岁）								
24及以下	266	259	334	325	39	37	639	621
25—29	2377	2055	3207	2385	555	370	6139	4810
30—34	2981	2332	3055	2005	698	407	6734	4744
35—39	2949	2346	2828	1631	598	297	6375	4274
40—44	2610	2032	2229	1225	402	194	5241	3451

续表

	小学		中学		初级学院/高级中学		合计	
	总数	女教师	总数	女教师	总数	女教师	总数	女教师
45—49	1705	1396	1406	803	246	119	3357	2318
50—54	888	721	935	589	180	107	2003	1417
55及以上	1138	973	1213	810	266	169	2617	1952

4. 各年级在校生、班级数和班级规模（2015年）

年级	在校生	班级数	班级平均人数
合计	454697	13894	32.7
小学	239102	7141	33.5
小学一年级	40063	1365	29.4
小学二年级	40774	1383	29.5
小学三年级	40199	1086	37.0
小学四年级	39461	1086	36.3
小学五年级	39094	1104	35.4
小学六年级	39511	1117	35.4
中学	186036	5431	34.3
中学一年级	42217	1191	35.4
中学二年级	43256	1228	35.2
中学三年级	49202	1408	34.9
中学四年级	45413	1353	33.6
中学五年级	5948	251	23.7
初级学院/高级中学	29559	1322	22.4
初级学院一年级/大学预科一年级	14512	640	22.7
初级学院二年级/大学预科二年级	14675	670	21.9
大学预科三年级	372	12	31.0

注：①班级规模是每个班级学生的平均人数，用该年级的入学人数除以班级数计算得出。这里的班级仅指行政班，生师比的计算是用小学（中学）的学生总数除以小学（中学）的教师总数。

②混合层次学校的学生按其所在年级分类。

5. 私立教育机构[①]（2015年）

类型	数量	在校生					
		全日制		非全日制		合计	
		总数	女生	总数	女生	总数	女生
合计	29	11865	5324	—	—	11865	5324
全日制伊斯兰教会学校	6	3651	2347			3651	2347
私立学校	3[②]	2673	1297			2673	1297
特殊教育学校	20[③]	5541	1680	—	—	5541	1680

类型	数量	教职员工					
		全职		兼职		合计	
		总数	女性	总数	女性	总数	女性
合计	29	1507	1174	7	6	1514	1180
全日制伊斯兰教会学校	6	228	166	0	0	228	166
私立学校	3	276	159	7	6	283	165
特殊教育学校	20	1003	849	—	—	1003	849

注：①仅包括教育部备案的私立教育机构。
②私立学校提供中学或初级学院层次的教育，主要面向新加坡居民提供另一种课程及文凭选择。
③仅包括政府资助的特殊教育学校。
④表中数据不包括私立幼儿园。

三、中学后教育

1. 工艺教育学院按专业大类的招生、在校生及毕业生数（全日制，2015年）

专业大类	招生		在校生		毕业生	
	总数	女生	总数	女生	总数	女生
合计	14173	5204	29295	11267	13351	5140
应用与健康科学	1173	733	2523	1594	1274	815
商业与服务	3633	2184	8010	5048	3528	2223

续表

专业大类	招生 总数	招生 女生	在校生 总数	在校生 女生	毕业生 总数	毕业生 女生
设计与媒体	933	466	1565	798	705	355
工程	4486	623	9045	1287	3966	554
电子与信息通信技术	3383	891	6927	1873	3266	868
酒店管理	565	307	1225	667	612	325

2. 理工学院按专业大类的招生、在校生及毕业生数（全日制，2015年）

专业大类	招生 总数	招生 女生	在校生 总数	在校生 女生	毕业生 总数	毕业生 女生
合计	24251	11775	76865	36985	24631	11981
应用艺术	1739	1021	5473	3186	1708	977
建筑与房地产	670	390	2217	1283	715	396
商业与管理	4871	3062	16293	10062	5455	3384
教育	340	319	977	911	292	274
工程科学	7317	1705	22181	5064	6967	1659
健康科学	2690	1996	7960	5794	2297	1693
人文与社会科学	330	248	1047	773	343	257
信息技术	3037	1074	10023	3629	3413	1298
法律	116	73	390	222	126	71
大众传播	609	456	2033	1496	644	470
科学与技术	1415	864	4564	2817	1477	919
服务	1117	567	3707	1748	1194	583

3. 大学[①]按专业大类的招生、在校生及毕业生数[②]（全日制，2015年）

专业大类	招生 总数	招生 女生	在校生 总数	在校生 女生	毕业生 总数	毕业生 女生
合计	1826	9192	64303	32890	15236	7547
会计学	1470	830	4723	2684	1036	556
建筑与房地产	419	262	1973	1189	539	351

续表

专业大类	招生		在校生		毕业生	
	总数	女生	总数	女生	总数	女生
商业与管理	2120	1272	7138	4027	1619	848
牙医	54	34	219	134	51	32
教育	294	247	955	751	401	305
工程科学	4934	1429	16677	4970	4374	1296
美术与应用艺术	466	244	1599	934	420	233
健康科学	569	417	1567	1126	481	353
人文与社会科学	3191	2158	11915	8054	2193	1450
信息技术	1247	389	4541	1492	1066	377
法律	405	171	1550	706	355	168
大众传播	221	181	776	602	172	130
医学	390	176	1719	859	252	115
自然、物理与数学科学	2147	1288	8226	4989	1935	1145
服务	199	94	725	373	342	188

注：①新加坡国立大学、南洋理工大学、新加坡管理大学、新加坡科技设计大学、新加坡科技学院（后升格为新加坡理工大学）、新跃大学。
②招生、在校生及毕业生人数仅指第一学位的人数。
③招生人数包括直接进入大学二年级及以上年级的人数。

4. 拉萨尔艺术学院和南洋艺术学院①按专业大类的招生、在校生及毕业生数（全日制，2015年）

专业大类	招生		在校生		毕业生	
	总数	女生	总数	女生	总数	女生
合计	1243	826	3279	2248	963	654
商业与管理	69	51	213	162	73	56
设计与应用艺术	678	467	1891	1327	596	412
美术与表演艺术	419	274	1028	686	271	171

续表

专业大类	招生		在校生		毕业生	
	总数	女生	总数	女生	总数	女生
媒体制作	77	34	147	73	23	15

注：①仅指拉萨尔艺术学院和南洋艺术学院的全日制文凭课程。
②招生人数包括直接进入大学二年级及以上年级的人数。

四、基础国家工艺教育局证书（NITEC）（2015年）

大类		证书名称	中文对照
工程（ENGINEERING）	1	Aerospace Avionics	航空电子
	2	Aerospace Machining Technology	航空航天制造技术
	3	Aerospace Technology	航空航天技术
	4	Automative Technology（Heavy Vehicles）	汽车技术（重型车辆）
	5	Automative Technology（Light Vehicles）	汽车技术（轻型车辆）
	6	Electrical Technology	电气技术
	7	Electrical Technology（Lighting & Sound）	电气技术（照明与音响）
	8	Electrical Technology（Power & Control）	电气技术（电力与控制）
	9	Facility Technology	设备技术
	10	Facility Technology（Air-Conditioning & Refrigeration）	设备技术（空调与制冷）
	11	Facility Technology（Landscaping Services）	设备技术（园林绿化服务）
	12	Facility Technology（Mechanical & Electrical Services）	设备技术（机电服务）
	13	Facility Technology（Vertical Transportation）	设备技术（垂直运输）
	14	Laser and Tooling Technology	激光与模具技术

续表

大类		证书名称	中文对照
工程 （ENGINEERING）	15	Machine Technology	机械技术
	16	Mechanical Technology	机械加工技术
	17	Mechatronics	机电一体化
	18	Mechatronics（Automation Technology）	机电一体化（自动化技术）
	19	Medical Manufacturing Technology	医疗器械制造技术
	20	Rapid Transit Technology	捷运技术
电子与信息技术 （ELECTRONICS & INFOCOMM TECHNOLOGY）	21	Digital Audio & Video Production	数字音视频制作
	22	Electronics	电子
	23	Electronics（Broadband Technology & Services）	电子（宽带技术与服务）
	24	Electronics（Computer & Networking）	电子（计算机与网络）
	25	Electronics（Display Technology）	电子（显示技术）
	26	Electronics（Instrumentation）	电子（仪器仪表）
	27	Electronics（Microelectronics）	电子（微电子）
	28	Electronics（Mobile Devices）	电子（移动设备）
	29	Info-Communications Technology（Cloud Computing）	信息通信技术（云计算）
	30	Info-Communications Technology（Mobile Networks & Applications）	信息通信技术（移动网络与应用）
	31	Info-Communications Technology（Networks & Systems Administration）	信息通信技术（网络与系统管理）
	32	Mobile Systems and Services	移动通信系统与服务
	33	Security Technology	安全技术
	34	Semiconductor Technology	半导体技术
	35	Social Media & Web Development	社交媒体与网络开发
设计与媒体 （DESIGN & MEDIA）	36	Digital Animation	数字动画
	37	Fashion Apparel Production & Design	时装制作与设计
	38	Interactive Media Design	互动媒体设计

续表

大类		证书名称	中文对照
设计与媒体（DESIGN & MEDIA）	39	Product Design	产品设计
	40	Space Design（Architecture）	空间设计（建筑）
	41	Space Design（Interior & Exhibition）	空间设计（室内与会展）
	42	Visual Communication	视觉传达
	43	Visual Effects	视觉效果
商业与服务（BUSINESS & SERVICES）	44	Attractions Operations	景区运营
	45	Beauty & Wellness	美容与健康
	46	Business Services	商务服务
	47	Finance Services	金融服务
	48	Fitness Training	健身训练
	49	Floristry	插花
	50	Hair Services（Hair & Scalp Therapy）	头发保健（头发与头皮治疗）
	51	Hair Services（Hair Fashion & Design）	美发服务（发型与设计）
	52	Retail Services	零售服务
	53	Travel and Tourism Services	旅游服务
应用与健康科学（APPLIED & HEALTH SCIENCES）	54	Applied Food Services	应用食品服务
	55	Chemical Process Technology	化工工艺技术
	56	Chemical Process Technology（Biologics）	化工工艺技术（生物制品）
	57	Chemical Process Technology（Petrochemicals）	化工工艺技术（石油化工）
	58	Chemical Process Technology（Pharmaceuticals）	化工工艺技术（制药）
	59	Chemical Process Technology（Process Instrumentation）	化工工艺技术（工艺仪表）
	60	Community Care & Social Services	社区护理与社会服务
	61	Nursing	护理
	62	Opticianry	眼视光

续表

大类		证书名称	中文对照
酒店餐饮 （HOSPITALITY）	63	Asian Culinary Arts	亚洲厨艺
	64	Food and Beverage Operations	餐饮营运
	65	Pastry & Baking	面点与烘焙
	66	Western Culinary Arts	西餐厨艺

五、高级国家工艺教育局证书（HIGHER NITEC）及文凭（2015年）

大类		证书名称	中文对照
工程 （ENGINEERING）	1	Technical Engineer Diploma in Automotive Engineering	汽车工程技术工程师文凭
	2	Technical Engineer Diploma in Machine Technology	机械技术工程师文凭
	3	Advanced Manufacturing	先进制造
	4	Aerospace Engineering	航空航天工程
	5	Civil & Structural Engineering Design	土木与结构工程设计
	6	Electrical Engineering	电气工程
	7	Engineering with Business	工程商务
	8	Facility Management	设施管理
	9	Facility Systems Design	设施系统设计
	10	Marine Engineering	海事工程
	11	Marine Offshore Engineering	近海工程
	12	Marine & Offshore Technology	海事与近海工程技术
	13	Mechanical Engineering	机械工程
	14	Mechatronics Engineering	机电工程
	15	Offshore & Marine Engineering Design	近海与海事工程设计
	16	Process Plant Design	车间工艺设计
	17	Rapid Transit Engineering	捷运工程

续表

大类		证书名称	中文对照
电子与信息技术（ELECTRONICS & INFOCOMM TECHNOLOGY）	18	Broadcast & Media Technology	广播与媒体技术
	19	Business Information Systems	商务信息系统
	20	Cyber & Network Security	网络与网络安全
	21	e-Business Programming	电子商务编程
	22	Electronics Engineering	电子工程
	23	Game Art & Design	游戏艺术与设计
	24	Game Design & Development	游戏设计与开发
	25	Game Programming & Development	游戏编程与开发
	26	Information Systems Quality	信息系统质量
	27	Information Technology	信息技术
	28	Mobile Unified Communications	移动统一通信
	29	Network Security Technology	网络安全技术
	30	Security System Integration	安全系统集成
	31	Wireless Technology	无线技术
商业与服务（BUSINESS & SERVICES）	32	Accounting	会计
	33	Banking Severces	银行服务
	34	Beauty & Spa Management	美容与水疗管理
	35	Business Studies（Administration）	商学（行政管理）
	36	Business Studies（Event Management）	商学（会展管理）
	37	Business Studies（Service Management）	商学（服务管理）
	38	Business Studies（Sport Management）	商学（体育管理）
	39	Community Sport & Recreation Management	社区体育与娱乐管理
	40	Early Childhood Education	幼儿教育
	41	Event Management	会展管理
	42	Human Resource & Administration	人力资源与管理
	43	Leisure & Travel Operations	休闲与旅游营运
	44	Logistics for International Trade	国际贸易物流

续表

大类		证书名称	中文对照
商业与服务（BUSINESS & SERVICES）	45	Passenger Services	客运服务
	46	Retail Merchandising	商业零售
	47	Service Management	服务管理
	48	Shipping Operations & Services	船运与服务
	49	Sport Management	体育管理
应用与健康科学（APPLIED & HEALTH SCIENCES）	50	Biotechnology	生物技术
	51	Chemical Technology	化工技术
	52	Paramedic & Emergency Care	护理与急救
	53	Paramedic & Emergency Care and Nitec in Nursing（Dual Certification）	护理与急救高级证书和护理基础证书（双证书）
设计与媒体（DESIGN & MEDIA）	54	Filmmaking（Cinematography）	电影制作（摄影）
	55	Interactive Design	交互设计
	56	Performance Production	表演制作
	57	Space Design Technology	空间设计技术
	58	Visual Merchandising	视觉营销
酒店餐饮（HOSPITALITY）	59	Technical Diploma in Culinary Arts	烹饪技术文凭
	60	Hospitality Operations	酒店运营

六、理工学院专业设置（2015年）

专业大类		专业名称	中文对照
应用艺术（APPLIED ARTS）	1	Animation	动画
	2	Animation & 3D Arts	动画与3D艺术
	3	Apparel Design & Merchandising	服装设计与销售
	4	Communication Design	通信设计
	5	Design for Interactivity	互动设计
	6	Design for User Experience	用户体验设计
	7	Digital Animation	数字动画

续表

专业大类		专业名称	中文对照
应用艺术 （APPLIED ARTS）	8	Digital Film & Television	数字影视
	9	Digital Game Art & Design	数字游戏艺术与设计
	10	Digital Media Design(Animation)	数码媒体设计（动画）
	11	Digital Media Design(Game)	数码媒体设计（游戏）
	12	Digital Media Design (Design Interaction)	数码媒体设计（互动设计）
	13	Digital Visual Effects	数码视觉效果
	14	Experience & Product Design	体验与产品设计
	15	Film, Sound & Video	电影与音视频
	16	Game Design	游戏设计
	17	Game Design & Development	游戏设计与开发
	18	Industrial Design	工业设计
	19	Interaction Design	互动设计
	20	Interactive Media Design	互动媒体设计
	21	Interior Architectture & Design	室内建筑设计
	22	Interior Design	室内设计
	23	Media Product ion & Design	媒体制作与设计
	24	Motion Graphics & Broadcast Design	动态图像与传播设计
	25	Moving Images	动态影像
	26	Music & Audio Technology	音乐与音频技术
	27	New Media	新媒体
	28	Product and Industrial Design	产品与工业设计
	29	Retail & Hospitality Design	零售与酒店设计
	30	Sonic Arts	音频艺术
	31	Space & Interior Design	空间与室内设计
	32	Visual Communication	视觉传达
	33	Visual Communication & Media Design	视觉传达与媒体设计
	34	Visual Effects & Motion Graphics	视觉效果与动态影像

续表

专业大类		专业名称	中文对照
建筑与房地产 （ARCHITECTURE, BUILD & REAL ESTATE）	35	Architecture	建筑
	36	Environment Design	环境设计
	37	Hotel & Leisure Facilities Management	酒店与休闲设施管理
	38	Integrated Facilities Management	综合设施管理
	39	Landscape Architecture	园林
	40	Landscape Design and Horticulture	景观设计与园艺
	41	Real Estate Business	房地产业务
	42	Sustainable Urban Design & Engineering	可持续城市设计与工程
商业与管理 （BUSINESS & ADMINISTRATION）	43	Accountancy	会计学
	44	Accountancy & Finance	会计学与金融
	45	Accounting & Finance	会计与财务
	46	Arts Business Management	艺术经营管理
	47	Arts & Theatre Management	艺术与戏剧管理
	48	Banking & Finance	银行与金融
	49	Banking & Finance Services	银行及金融服务
	50	Business	商业
	51	Business Administration	工商行政管理
	52	Business Innovation & Design	商业创新与设计
	53	Business Management	企业管理
	54	Business and Social Enterprise	商业与社会企业
	55	Business Studies	商学
	56	Business/Logistics & Operations Management/Marketing	商务/物流与运营管理/市场营销
	57	Customer Relationship & Service Management	客户关系与服务管理
	58	Customer Behaviour and Research	消费者行为研究
	59	Financial Informatics	金融信息
	60	Fund Management & Administration	基金管理
	61	Hospitality & Tourism Management	酒店及旅游管理
	62	Hotel & Hospitality Management	酒店与餐饮管理
	63	Human Resource Management with Psychology	人力资源管理与心理学

续表

专业大类		专业名称	中文对照
商业与管理 （BUSINESS & ADMINISTRATION）	64	International Business	国际商务
	65	International Logistics & Supply Chain Management	国际物流与供应链管理
	66	International Supply Chain Management	国际供应链管理
	67	Integrated Events & Project Management	综合策划与项目管理
	68	Integrated Events Management	综合策划管理
	69	Leisure & Events Management	休闲与活动管理
	70	Leisure & Resort Management	休闲与度假管理
	71	Logistics & Operations Management	物流与运营管理
	72	Marketing	市场营销
	73	Retail Management	零售管理
	74	Social Enterprise Management	社会企业管理
	75	Supply Chain Management	供应链管理
	76	Technology & Arts Management	科技与艺术管理
	77	Tourism & Resort Management	旅游与度假管理
教育 （EDUCATION）	78	Child Psychology & Early Education	儿童心理学与早期教育
	79	Early Childhood Education	幼儿教育
	80	Early Childhood Studies	幼儿教育研究
工程科学 （ENGINEERING SCIENCES）	81	Aeronautical Engineering	航空工程
	82	Aeronautical & Aerospace Technology	航空航天技术
	83	Aerospace Avionics	航空电子设备
	84	Aerospace Electronics	航天电子工业
	85	Aerospace Engineering	航空航天工程
	86	Aerospace Systems & Management	航空航天系统与管理
	87	Aerospace Technology	航天技术
	88	Aerospace/Mechatronics Programme	航空航天/机电一体化
	89	Audio-visual Technology	视听技术
	90	Automation & Mechatronic Systems	自动化与机电一体化系统

续表

专业大类		专业名称	中文对照
工程科学 （ENGINEERING SCIENCES）	91	Bioengineering	生物工程
	92	Biologics and Process Technology	生物制剂和加工工艺
	93	Biomedical Electronics	生物医学电子
	94	Biomedical Engineering	生物医学工程
	95	Biomedical Informatics & Engineering	生物医学信息与工程
	96	Business Process & Systems Engineering	业务流程与系统工程
	97	Chemical Engineering	化学工程
	98	Chemical & Biomolecular Engineering	化学与分子生物工程
	99	Chemical & Green Technology	化学与绿色科技
	100	Chemical & Pharmaceutical Technology	化学与制药技术
	101	Civil Engineering with Business	土木工程商务
	102	Clean Energy	清洁能源
	103	Clean Energy Management	清洁能源管理
	104	Common Engineering Programme	工程基础
	105	Computer Engineering	计算机工程
	106	Digital and Precision Engineering	数码与精密工程
	107	Digital Entertainment Electronics	数码娱乐电子
	108	Electrical Engineering	电气工程
	109	Electrical Engineering with Eco-Design	电气工程与生态设计
	110	Electrical & Electronic Engineering	电气与电子工程
	111	Electronics	应用电子
	112	Electronics & Computer Engineering	电子与计算机工程
	113	Electronics, Computer & Communications Engineering	电子、计算机与通信工程
	114	Energy Systems & Management	能源系统与管理
	115	Engineering with Business	工程商务
	116	Engineering Science	工程科学
	117	Engineering Systems	工程系统

续表

专业大类		专业名称	中文对照
工程科学 （ENGINEERING SCIENCES）	118	Engineering Systems & Management	工程系统与管理
	119	Environment & Water Technology	环境与水处理技术
	120	Environment Management & Water Technology	环境管理与水处理技术
	121	Green Building & Sustainability	绿色建筑与可持续发展
	122	Green Building Energy Management	绿色建筑节能管理
	123	Industrial & Operations Management	工业与运营管理
	124	Info-Communications	信息通信
	125	Info-Communications Engineering & Design	信息通信工程与设计
	126	Information Communication Technology	信息通信技术
	127	Manufacturing Engineering	制造工程
	128	Marine Engineering	海事工程
	129	Marine & Offshore Technology	海事与近海科技
	130	Mechanical Engineering	机械工程
	131	Mechatronics	机电一体化
	132	Mechatronics Engineering	机电工程
	133	Mechatronics/Aerospace Engineering	机电一体化/航空工程
	134	Mechatronics & Robotics	机电一体化与机器人
	135	Media & Communication Technology	媒体与通信技术
	136	Micro & Nanotechnology	微纳技术
	137	Microelectronics	微电子
	138	Nanotechnology & Materials Science	纳米技术与材料科学
	139	Product Design & Innovation	产品设计与创新
	140	Renewable Energy Engineering	可再生能源工程
健康科学 （HEALTH SCIENCES）	141	Biomedical Science	生物医学科学
	142	Dental Hygiene & Therapy	牙科卫生与治疗
	143	Diagnostic Radiography	放射诊断
	144	Health Management & Promotion	健康管理与促进
	145	Health Services Management	卫生服务管理

续表

专业大类		专业名称	中文对照
健康科学 （HEALTH SCIENCES）	146	Healthcare Adimininstration	医疗保健管理
	147	Health Sciences(Nursing)	健康科学（护理）
	148	Nursing	护理
	149	Nutrition,Health and Wellness	营养、卫生与健康
	150	Occupational Therapy	职业治疗
	151	Optometry	眼视光
	152	Pharmaceutical Sciences	制药
	153	Pharmacy Sciences	药学
	154	Physiotherapy	理疗
	155	Radiation Therapy	放射治疗
	156	Sports & Exercise Sciences	体育与运动科学
人文与社会科学 （HUMANITIES & SOCIAL SCIENCES）	157	Applied Drama & Psychology	应用戏剧与心理学
	159	Chinese Studies	华文
	160	Gerontological Management Studies	老年管理
	161	Social Sciences (Social Work)	社会科学（社会工作）
信息技术 （INFORMATION TECHNOLOGY）	162	Big Data Management & Governance	大数据管理与治理
	163	Business Applications	商业应用
	164	Business Computing	商业计算
	165	Business Enterprise IT	工商企业IT
	166	Business Informatics	商业信息
	167	Business Information Systems	商业信息系统
	168	Business Information Technology	商业信息技术
	169	Business Intelligence & Analytics	商业智能与分析
	170	Cyber & Digital Security	网络与数字安全
	171	Cyber Security & Forensics	网络安全与取证
	172	Digital Entertainment Technology (Game)	数字娱乐技术（游戏）
	173	Digital Forensics	数字取证
	174	Digital Media	数字媒体
	175	Engineering Informatics	工程信息

续表

专业大类		专业名称	中文对照
信息技术 （INFORMATION TECHNOLOGY）	176	Financial Business Informatics	金融商业信息
	177	Financial Informatics	金融信息
	178	Game & Entertainment Technology	游戏与娱乐技术
	179	Game Design & Development	游戏设计与开发
	180	Game Development & Technology	游戏开发与技术
	181	InfoComm & Network Engineering	信息通信与网络工程
	182	InfoComm Security Management	信息通信安全管理
	183	Information Security	信息安全
	184	Information Security & Forensics	信息安全与取证
	185	Information Technology	信息技术
	186	IT Service Management	IT服务管理
	187	Interactive & Digital Media	互动与数码媒体
	188	Interactive Media	互动媒体
	189	Interactive Media Informatics	互动媒体信息
	190	3D Interactive Media Technology	3D互动媒体技术
	191	Mobile & Network Services	移动与网络服务
	192	Mobile Software Development	移动软件开发
	193	Multimedia & Animation	多媒体与动画
	194	Multimedia & InfoComm Technology	多媒体与信息通信技术
	195	Network Systems & Security	网络系统与安全
	196	Telematics & Media Technology	信息与媒体技术
法律（LAW）	197	Law & Management	法律与管理
大众传播 （MASS COMMUNICATION）	198	Advertising & Public Relations	广告与公共关系
	199	Chinese Media & Communication	华文传媒与传播
	200	Communication & Information Design	传播与信息设计
	201	Communication & Media Management	传播与媒体管理
	202	Creative Writing for TV & New Media	电视与新媒体创意写作
	203	Mass Communication	大众传播
	204	Mass Media Management	大众传媒管理
	205	Media and Communication	媒体与传播

续表

专业大类		专业名称	中文对照
科学与技术 （SCIENCE & RELATED TECHNOLOGIES）	206	Applied Chemistry with Materials Science	应用化学与材料科学
	207	Applied Chemistry with Pharmaceutical Science	应用化学与制药科学
	208	Applied Food Science & Nutrition	应用食品科学与营养
	209	Baking and Culinary Science	烘焙与烹饪科学
	210	Biotechnology	生物技术
	211	Chemical Engineering	化学工程
	212	Consumer Science & Technology	消费科学与技术
	213	Environment Science	环境科学
	214	Food Science & Nutrition	食品科学与营养
	215	Food Science & Technology	食品科学与技术
	216	Marine Science & Aquaculture	海洋科学与水产养殖
	217	Materials Science	材料科学
	218	Medicinal Chemistry	药物化学
	219	Molecular Biotechnology	分子生物技术
	220	Perfumery & Cosmetic Science	香水与化妆品科学
	221	Veterinary Bioscience	兽医生物科学
	222	Veterinary Technology	兽医技术
服务 （SERVICES）	223	Aviation Management	航空管理
	224	Aviation Management & Services	航空管理与服务
	225	Civil Aviation	民用航空
	226	Culinary & Catering Management	烹饪与餐饮管理
	227	Food & Beverage Business	餐饮业
	228	Maritime Business	海事商务
	229	Nautical Studies	航海学
	230	Outdoor & Adventure Learning	户外运动与探险
	231	Restaurant and Culinary Operations	餐厅与烹饪操作
	232	Sport & Wellness Management	运动与健康管理
	233	Sport & Leisure Management	运动与休闲管理
	234	Sports Coaching	运动教练

续表

专业大类		专业名称	中文对照
服务 （SERVICES）	235	Tourism & Resort Management	旅游与度假管理
	236	Wellness, Lifestyle and Spa Management	健康生活与养生管理

七、大学专业设置（2015年）

专业大类		专业名称	中文对照
会计学 （ACCOUNTANCY）	1	Accountancy	会计
	2	Accountancy & Business	会计与商务
	3	Business Administration(Accountancy)	工商管理（会计）
建筑与房地产 （ARCHITECTURE, BUILD & REAL ESTATE）	4	Architecuture	建筑
	5	Architecture & Sustainable Design (SUTD)	建筑与可持续设计（新加坡科技设计大学）
	6	Project and Facilities Management	项目与设施管理
	7	Real Estate	房地产
商业与管理 （BUSINESS & ADMINISTRATION）	8	Business	商务
	9	Business Administration	工商管理
	10	Business & Computer Engineering	商业与计算机工程
	11	Business and Computing	商业与计算
	12	Business Management	商务管理
	13	Finance	金融
	14	Hospitality Business	酒店商务
	15	Human Resource Management	人力资源管理
	16	Marketing	市场营销
牙医（DENTISTRY）	17	Dentistry	牙医
教育 （EDUCATION）	18	Arts (Education)	艺术（教育）
	19	Science (Education)	科学（教育）
	20	Early Childhood Education	幼儿教育

续表

专业大类		专业名称	中文对照
工程科学 （ENGINEERING SCIENCES）	21	Aeronautical Engineering	航空工程
	22	Aerospace Engineering	航天工程
	23	Aerospace Systems	航天系统
	24	Bachelor of Engineering (SUTD)	工程学士（新加坡科技设计大学）
	25	Bioengineering	生物工程
	26	Chemical & Biomolecular Engineering	化学与分子生物工程
	27	Chemical Engineering	化学工程
	28	Civil Engineering	土木工程
	29	Common Engineering	工程基础
	30	Computer Engineering	计算机工程
	31	Electrical & Electronic Engineering	电气与电子工程
	32	Electrical Engineering	电气工程
	33	Electrical Engineering & Information Technology	电气工程与信息技术
	34	Electrical Power Engineering	电力工程
	35	Engineering	工程
	36	Engineering & Economics	工程与经济
	37	Engineering Science Programme	工程科学
	38	Industrial & Systems Engineering	工业与系统工程
	39	Marine Engineering	海事工程
	40	Marine Science & Engineering	海事科学与工程
	41	Mechanical Design Engineering	机械设计工程
	42	Mechanical Design & Manufacturing Engineering	机械设计与制造
	43	Mechanical Engineering	机械工程
	44	Mechatronics	机电一体化

续表

专业大类		专业名称	中文对照
工程科学 （ENGINEERING SCIENCES）	45	Naval Architecture	造船
	46	Offshore Engineering	近海工程
	47	Pharmaceutical Engineering	制药工程
	48	Renaissance Engineering	博雅英才工程课程（南洋理工大学）
	49	Sustainable Infrastructure Engineering (Building Services)	可持续基础设施工程（建筑服务）
	50	Sustainable Infrastructure Engineering (Land)	可持续基础设施工程（土地）
	51	Systems Engineering (ElectroMechanical Systems)	系统工程（机电系统）
	52	SUTD–SMU DDP in Technology and Management	科技与管理（新加坡科技设计大学—新加坡管理大学双硕士）
美术和应用艺术 （FINE AND APPLIED ARTS）	53	Arts, Design and Media	艺术、设计与媒体
	54	Communication Design	视觉传达设计
	55	Digital Arts and Animation (BFA)	数字艺术与动画（美术学士）
	56	Game Design	游戏设计
	57	Industrial Design	工业设计
	58	Interior Design	室内设计
	59	Music	音乐
健康科学 （HEALTH SCIENCES）	60	Biomedical Sciences	生物医学科学
	61	Diagnostic Radiography	放射诊断
	62	Nursing	护理
	63	Occupational Therapy	职业治疗
	64	Pharmacy	药学
	65	Physiotherapy	理疗
	66	Radiation Therapy	放射治疗

续表

专业大类		专业名称	中文对照
人文与社会科学（HUMANITIES & SOCIAL SCIENCES）	67	Arts & Social Sciences	艺术与社会科学
	68	Chinese	华文
	69	Criminology & Security	犯罪与安全
	70	Economics	经济
	71	English	英语
	72	History	历史
	73	Libreal Arts (Yale–NUS College)	人文艺术（耶鲁—新加坡国立大学通识教育学院）
	74	Linguistics and Multilingual Studies	语言学与多语言研究
	75	Philosophy	哲学
	76	Psychology	心理学
	77	Public Policy & Global Affairs	公共政策与全球事务
	78	Social Sciences	社会科学
	79	Sociology	社会学
信息技术（INFORMATION TECHNOLOGY）	80	Business Analytics	商业分析
	81	Computer Science	计算机科学
	82	Computer Science and Game Design	计算机科学与游戏设计
	83	Computer Science in Real–Time Interactive Simulation	实时交互仿真计算机科学
	84	Computing	计算
	85	Computing Science	计算科学
	86	Information and Communications Technology (Information Security)	信息与通信技术（信息安全）
	87	Information and Communications Technology (Software Engineering)	信息与通信技术（软件工程）
	88	Information Engineering & Media	信息工程与媒体
	89	Information Systems Management	信息系统管理
法学（LAW）	90	Law	法学
大众传播（MASS COMMUNICATION）	91	Communication Studies	传播学

续表

专业大类		专业名称	中文对照
医学（MEDICINE）	92	Medicine	医学
	93	Bachelor of Medicine and Bachelor of Surgery	内外全科医学士
自然、物理与数学科学（NATURAL, PHYSICAL & MATHEMATICAL SCIENCES）	94	Applied Science	应用科学
	95	Bachelor of Science (SUTD)	科学学士（新加坡科技设计大学）
	96	Biological Sciences	生物科学
	97	Chemistry & Biological Chemistry	化学与生物化学
	98	Environmental Earth Systems Science	环境地球系统科学
	99	Environmental Studies (Bio)	环境学（生物）
	100	Environmental Studies (Geog)	环境学（地理）
	101	Food and Human Nutrition	食品与营养学
	102	Mathematics & Economics	数学与经济学
	103	Mathematical Sciences	数学科学
	104	Physics & Applied Physics	物理与应用物理
	105	Science	科学
服务（SERVICES）	106	Culinary Arts Management	烹饪艺术管理
	107	Maritime Studies	海事研究
	108	Sport Science & Management	运动科学与管理

八、政府教育支出

1. 政府发展性教育支出（新币：千元）

财政年度	教育部	小学	中学	初级学院/高级中学	工艺教育学院	理工学院	国立教育学院	大学	特殊教育	其他	合计
2001—2002	173,612	444,755	232,211	66,530	60,049	129,383	11,286	331,992	2,158	21,015	1,472,991
2002—2003	182,329	368,489	272,914	89,749	120,861	308,888	7,699	384,117	2,414	36,100	1,773,560
2003—2004	43,497	195,005	284,099	41,513	130,530	146,433	200	302,293	6,270	67,803	1,217,643
2004—2005	42,304	125,777	233,314	64,569	103,168	183,424	2,890	453,944	6,367	23,640	1,239,397
2005—2006	44,835	72,258	131,273	46,232	37,596	262,858	0	247,374	1,240	23,312	866,978
2006—2007	42,425	78,447	104,640	14,811	70,167	152,823	0	137,496	2,035	4,725	607,569
2007—2008	58,358	214,637	157,152	7,793	5,960	116,371	0	153,564	20,495	7,713	742,043
2008—2009	69,595	267,672	212,062	3,161	7,666	42,076	958	118,307	29,204	2,472	753,173
2009—2010	74,776	214,235	275,916	4,020	11,510	62,297	9,417	163,371	27,721	3,884	847,147

续表

财政年度	教育部	小学	中学	初级学院/高级中学	工艺教育学院	理工学院	国立教育学院	大学	特殊教育	其他	合计
2010—2011	104,467	151,204	153,719	12,910	142,006	71,379	1,298	224,661	14,048	1,044	876,736
2011—2012	82,970	354,602	137,802	4,081	255,687	20,417	0	168,610	17,899	389	1,042,457
2012—2013	31,521	335,973	82,431	1,003	122,940	90,434	0	191,961	3,336	0	859,599
2013—2014	45,810	280,695	58,199	1,883	20,780	211,214	0	352,817	1,609	438	973,445
2014—2015	46,671	372,492	69,847	1,921	6,774	135,099	0	251,570	76	1,563	886,013
2015—2016	39,060	337,502	52,488	10,892	535	77,249	0	182,115	159	0	700,000

2. 政府经常性教育支出（新币：千元）

财政年度	教育部	小学	中学	初级学院/高级中学	工艺教育学院	理工学院	国立教育学院	大学	特殊教育	其他	合计
2001—2002	435,146	1,044,461	1,059,846	202,456	162,648	592,733	87,000	1,114,554	28,025	39,715	4,766,584
2002—2003	441,017	1,095,536	1,171,377	226,187	169,499	578,551	94,791	973,779	36,358	37,300	4,824,395

续表

财政年度	教育部	小学	中学	初级学院/高级中学	工艺教育学院	理工学院	国立教育学院	大学	特殊教育	其他	合计
2003—2004	428,997	1,066,364	1,205,693	223,490	171,067	714,264	80,766	1,034,804	33,450	37,896	4,996,791
2004—2005	405,524	1,071,327	1,276,481	226,569	191,135	594,446	73,256	1,029,869	38,884	67,233	4,974,724
2005—2006	433,675	1,125,876	1,328,287	238,115	203,973	622,933	84,722	1,058,239	50,124	69,355	5,215,299
2006—2007	298,582	1,290,409	1,561,500	271,046	249,154	728,741	100,147	1,719,156	53,196	79,786	6,351,717
2007—2008	347,946	1,496,718	1,780,889	340,681	253,506	816,913	102,243	1,491,382	68,874	86,473	6,785,625
2008—2009	439,480	1,553,535	1,859,599	316,184	281,262	946,113	110,378	1,808,987	73,594	87,389	7,476,521
2009—2010	503,277	1,573,321	1,924,142	311,770	262,509	944,810	112,474	2,014,807	95,937	94,862	7,837,909
2010—2011	517,043	1,839,190	2,220,430	348,039	328,067	1,124,873	123,625	2,305,921	84,943	106,578	8,998,709
2011—2012	532,136	1,820,988	2,181,167	336,063	346,106	1,180,981	119,266	2,973,812	96,127	111,147	9,697,793

续表

财政年度	教育部	小学	中学	初级学院/高级中学	工艺教育学院	理工学院	国立教育学院	大学	特殊教育	其他	合计
2012—2013	591,814	1,946,159	2,314,237	365,825	351,658	1,196,035	113,312	2,536,971	106,219	115,082	9,637,312
2013—2014	587,903	2,185,580	2,523,528	389,037	376,896	1,297,647	99,668	2,969,921	125,117	109,571	10,664,868
2014—2015	623,461	2,263,510	2607555	394,321	399,949	1,339,298	94,941	2,736,642	135,510	117,258	10,712,445
2015—2016	653,618	2,489,907	2743889	424,775	457,351	1,411,274	91,393	2,818,275	154,164	155,354	11,400,000

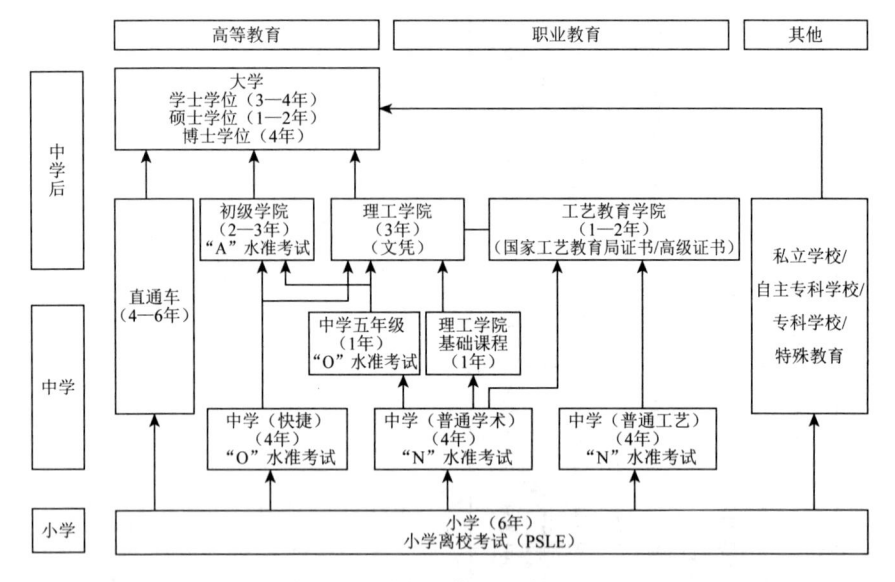

```
┌──────┐         ┌──────────┐  ┌──────────┐  ┌──────┐
│      │         │ 高等教育 │  │ 职业教育 │  │ 其他 │
│      │         └──────────┘  └──────────┘  └──────┘
│ 中学 │              大学
│  后  │        学士学位（3—4年）
│      │        硕士学位（1—2年）
│      │        博士学位（4年）
│      │    ┌──────────┐ ┌──────────┐ ┌──────────────┐ ┌──────────┐
│      │    │ 初级学院 │ │ 理工学院 │ │ 工艺教育学院 │ │ 私立学校/│
│      │    │ (2—3年) │ │  (3年)  │ │   (1—2年)   │ │自主专科学校/│
│      │    │"A"水准考试│ │ (文凭) │ │(国家工艺教育局│ │ 专科学校/│
│      │    └──────────┘ └──────────┘ │证书/高级证书)│ │ 特殊教育 │
│直通车│                 ┌──────────┐ └──────────────┘ │          │
│(4—6年)│                │中学五年级│ ┌──────────┐    │          │
│      │                │  (1年)  │ │理工学院 │     │          │
│      │                │"O"水准考试│ │基础课程 │     │          │
│ 中学 │                └──────────┘ │ (1年)  │     │          │
│      │                             └──────────┘    │          │
│      │    ┌──────────┐ ┌──────────────┐ ┌──────────────┐       │
│      │    │中学(快捷)│ │中学(普通学术)│ │中学(普通工艺)│       │
│      │    │  (4年)  │ │   (4年)     │ │   (4年)     │       │
│      │    │"O"水准考试│ │"N"水准考试  │ │"N"水准考试  │       │
│      │    └──────────┘ └──────────────┘ └──────────────┘       │
│ 小学 │              小学（6年）
│      │          小学离校考试（PSLE）
└──────┘
```

新加坡教育体系示意图

（资料来源：Ministry of Education，Singapore）

译后记

拙译《新加坡职业技术教育五十年》是我赴新加坡访学的一项成果。2016年9月，在深圳职业技术学院领导和广东省教育厅的关怀下，我受国家留学基金管理委员会的资助到新加坡访学，学习研究新加坡职业教育的成功经验。访学期间，我主要在南洋理工大学国立教育学院学习，并实地考察调研了新加坡理工学院、南洋理工学院、共和理工学院、淡马锡理工学院、义安理工学院等5所国立理工学院（相当于我国的高等职业教育），以及新加坡工艺教育学院中区、东区、西区等3所学院（相当于我国的中等职业教育）。通过参加专题讲座、师生交流及利用丰富的图书馆资源，我收集了大量宝贵的第一手研究资料。其中，淡马锡理工学院创院院长华拉保绍（N. Varaprasad）博士撰写的本书英文原著（2016年出版），实为一部全面系统介绍新加坡职业教育的最新佳作，我因而萌生了把它翻译介绍给国内同行的想法，现在终于脱稿付梓，我十分欣慰。

新加坡的职业教育享誉全球，其五十年的发展历程和改革创新举措，本书中已有生动详实的记述，用不着我在这里饶舌了。当我磕磕碰碰读完本书原著时，就深切地感受到，新加坡职业教育的发展历程和经验表明，职业教育承载之重已经超越单纯的教育问题，它既关乎一个国家的政治、经济和民生，也关系到每一个人的成长、工作和未来生涯发展。译著初稿完成后，我一边研读一边修改，这种感受更加深刻，兴许读者也有同感。同时，新加坡职业教育是德国双元制职业教育模式在亚洲的成功移植，并在借鉴德国经验的基础上创立了独具特色的新加坡模式，或许更加适合亚洲国家学习借鉴。自20世纪90年代以来，我国职业教育发展之迅猛非同一般，但是与发达国家相比总体上还不强，尚不能很好地适应国家建设和经济社会发展的需要。例如，职业教育的结构不尽合理、质量有待进一步提高、一些院校的办学条件还很薄弱、校企联合办学的体制机制不畅、职业教育吸引力不强的问题也尚未得到根本扭转。《国务院关于加快发展现代职业教育的决定》（国发［2014］19号）提出，"到2020年，形成适应发展需求、产教深度融合、中职高职衔接、职业教育与普通教育相互沟通，体现终身教育理念，具有中国特色、世界水平的现代职业教育体系"，这与新加坡职业教育的发展理念有相通之处。因此，本书中文版的出版，希望能对我国构建现代职业教育与培训体系、加快发展世界一流的职业教育尽一份绵薄之力。

关于"职业教育"的概念，这里有必要多说几句。根据联合国教科文组织的定义，职业教育的完整含义是"技术与职业教育及培训"（Technical and Vocational Education and Training，简称TVET），即包括技术教育（Technical Education）、职业教育（Vocational Education）和职业培训（Training）3个部分。然而，目前学界和世界各地关于职业教育概念的定义不尽一致，据统计有30种之多。例如，美国称"职业与技术教育"（VTE，或CTE），德国、法国、英国、瑞士等国称"职业教育与培训"（VET），我国台湾地区称"技术职业教育"（简称"技职教育"），等等。职业教育对我国而言是一个舶来品，"职业教育"一词最早出现在1904年山西农林学堂总办姚文栋的公文中，并将之与普通教育并列。从晚清洋务运动时期创办福州船政学堂（1866年）等历史上第一批具有职业教育性质的学校以来，在我国职业教育发展史上，职业教育的称谓经历过从技艺学、实业教育、工业教育、职业教育、技术教育、职业技术教育到职业教育的演变。1996年我国颁布《职业教育法》，职业教育走上依法办学的新阶段，"职业教育"成为法定名称，其含义即指"技术与职业教育及培训"（TVET）。但时至今日，"技术教育""职业技术教育"与"职业教育"的概念在学术上仍然混用，不但未严格清晰地区分，而且还存在争议。

本书原著中"技术与职业教育及培训"（TVET）、"职业与技术教育"（VTE）、"职业教育与培训"（VET）、"技术与职业教育"、"技术教育"（Technical Education）、"职业教育"（Vocational Education）等概念，译者均严格按照英文原文直译。但有三处例外，需要向读者特别说明。第一，本书原名"50 Years of Technical Education in Singapore"，直译为《新加坡技术教育五十年》，现译名《新加坡职业技术教育五十年》不仅更加符合我国职业教育的语义环境和读者习惯，而且没有偏离原书内容（此处的

"职业技术教育"即指文中新加坡的技术与职业教育及培训);第二,译文将第六章和第八章标题中的 TVET 简称为"职业技术教育"(在书中注释说明),这既考虑到标题中将 TVET 直译为"技术与职业教育及培训"显得过于冗长,也希望基于上面的分析,这样简称不至于引起读者理解上的混乱;第三,新加坡是实行双语政策的国家,英语为官方用语,中文(当地称华文)亦通用,新加坡华文通常将"Technical Education"翻译为"工艺教育",而本书仍译为"技术教育",不采用新加坡的华文翻译,但是对于一些与"Technical"一词有关、在新加坡已经约定俗成的专用名词,例如"工艺教育学院"(Institution of Technical Education)、分流教育中的"普通(工艺)"(Technical)源流等,"Technical"一词仍沿用新加坡的华文翻译,望读者明察。

译文中凡涉及人名、地名及专用名词,正文中第一次出现时标注英文原文,此后不再标注,译者整理了《译名对照表》供读者查阅。此外,为了帮助读者更好地理解本书内容,译者编写了若干注释供读者参考。同时,译者参考《新加坡教育统计年鉴(2016)》(Education Statistics Digest 2016)和新加坡教育部网站(https://www.moe.gov.sg/education)等资料,编译了《新加坡教育统计数据》作为本书的附录,其内容包括新加坡的小学、中学、大学预科教育、中学后教育(工艺教育学院、理工学院、大学)等各阶段有关学生、教师、专业、证书、教育投入等方面的统计数据,希望能对读者全面了解新加坡的教育概况有所帮助。

译著得以付梓出版,非我一人之功。我要感谢商务印书馆苑容宏主任,正是在他的鼓励、指导和帮助下,本书翻译才得以顺利完成;国家职业教育研究院深圳分院常务副院长李建求研究员亦鼎力相助,提供了许多建设性建议;深圳职业技术学院应用外国语学院院长唐克胜译审,对译稿进行逐字逐句地审校,不仅解决了译者的诸多疑难,更正了初稿的诸多错讹,而且使译文更加准确、流畅;深圳职业技术学院教务处处长窦志铭教授、副处长李继中教授和所有同事为我提供了良好的条件,他们在我出国访学期间分担了我的工作;新加坡南洋理工大学国立教育学院林保圣教授、林文钦教授、周孙铭教授,以及南洋理工学院林俊元、赵典明、黄胤穆、宋德华,共和理工学院姜力军,新加坡理工学院陶能付和卢清浓等多位授课老师不厌其烦地为本人答疑解惑;王志明、余超等全体同学给予本人热情鼓励和关心；商务印书馆编辑李同宇以她的专业水准和敬业精神为译著的修改及出版做了大量辛苦细致的工作，在此一并致以诚挚的谢意。

我的导师于炎湖教授、师母丁近勇副教授对我的学习、工作和生活一直十分关心；我的妻子和女儿给予我无私的支持。他们是我心灵的港湾，借此机会也表示深深的感谢。

尽管经过反复字斟句酌，但由于译者水平有限，拙译难免有错讹及贻笑大方之处，恳请专家学者和读者诸君指教为谢。

卿中全

2017 年 7 月 18 日

图书在版编目(CIP)数据

新加坡职业技术教育五十年 /(新加坡)华拉保绍著;
卿中全译. -- 北京:商务印书馆,2018
ISBN 978-7-100-16142-8

Ⅰ.①新… Ⅱ.①华…②卿… Ⅲ.①职业教育—教育史—研究—新加坡—现代 Ⅳ.① G719.339.9

中国版本图书馆 CIP 数据核字 (2018) 第 109250 号

权利保留，侵权必究。

新加坡职业技术教育五十年
如何构建世界一流技术与职业教育及培训体系
〔新加坡〕华拉保绍　著
卿中全　译　　唐克胜　校

商 务 印 书 馆 出 版
（北京王府井大街36号　邮政编码100710）
商 务 印 书 馆 发 行
艺堂印刷（天津）有限公司
ISBN　978-7-100-16142-8

2018 年 6 月第 1 版	开本 787×960　1/16	
2018 年 6 月北京第 1 次印刷	印张 13¼	

定价：39.00 元